“十三五”国家重点图书

改革开放40年中国猪业发展与进步

猪场设施与设备

主编　曹洪战　胡安戟
主审　周继平

中国农业大学出版社
·北京·

内容简介

本书主要介绍了改革开放40年来猪场设施与设备的变化历程和现在猪场所使用的设施、设备，涵盖了猪场繁育设备与装备、猪场饲养设备、饲料加工设备、猪舍环境控制设备与装备、猪场粪尿处理设备与设施、消毒设备、猪场智能设备与自动化等内容。

本书适合养猪领域研究与应用技术人员、农业机械研究与生产技术人员等用于了解猪场设施与设备40年变化沿革，指导生产实践。

图书在版编目(CIP)数据

改革开放40年中国猪业发展与进步. 猪场设施与设备/印遇龙等主编；曹洪战，胡安戟分册主编. —北京：中国农业大学出版社，2018.10

"十三五"国家重点图书

ISBN 978-7-5655-2107-2

Ⅰ.①改… Ⅱ.①印…②曹…③胡… Ⅲ.①养猪业-产业发展-研究-中国②养猪场-设备管理-研究-中国 Ⅳ.①F326.33②S828.4

中国版本图书馆CIP数据核字(2018)第228593号

书　名 改革开放40年中国猪业发展与进步
猪场设施与设备

作　者 曹洪战　胡安戟　主编

策划编辑 丛晓红　赵　中　　**责任编辑** 郑万萍
封面设计 郑　川　黄海滔
出版发行 中国农业大学出版社
社　址 北京市海淀区圆明园西路2号　　**邮政编码** 100193
电　话 发行部 010-62818525，8625　　读者服务部 010-62732336
编辑部 010-62732617，2618　　出　版　部 010-62733440
网　址 http://www.caupress.cn　　**E-mail** cbsszs @ cau.edu.cn
经　销 新华书店
印　刷 涿州市星河印刷有限公司
版　次 2018年10月第1版　2018年10月第1次印刷
规　格 787×1092　16开本　9.75印张　240千字
定　价 388.00元(全九册)

编审委员会

总策划人 孙德林

主　　编 印遇龙　李　职　云　鹏　邓近平　张从林

副 主 编 张荣波　黄瑞华　许典新　吴买生

委　　员 鲁绍雄　李继良　殷宗俊　李千军　穆淑琴　孙世铎
单　虎　朱连德　周伦江　贺东昌　王伟伟　万昭军
沈富林　乔松林　曹洪战　胡安戟　周继平　李清宏
吴志君　苗玉涛　徐宝才　张树敏　刘　娣　郑小明
尚以顺

主编单位 国家生猪产业技术创新战略联盟
中国农机学会机械化养猪工程分会
广西扬翔股份有限公司
北京市生猪产业技术体系创新团队

本册主编 曹洪战　胡安戟

主　　审 周继平

副 主 编 芦春莲　李兰会

主编单位 河北省生猪产业技术体系创新团队
睿保乐(上海)贸易公司

主审单位 青海省生猪产业科技创新平台

参编人员 王美芝　仝　军　李兰会　芦春莲　赵长生　张银银
胡安戟　黄　川　曹洪战　薛晓柳

序

国庆之后，孙德林先生来到我的办公室，系统介绍了即将出版的《改革开放 40 年中国猪业发展与进步》一书并邀我做序，我为之一振。

这部系统记录中国改革开放 40 年养猪业巨大变化的恢宏著作，就像中国养猪人的“系谱”，描述了我国猪产业在遗传改良、营养与饲料科学、猪场设计与环境控制、疫病防控与生物安全和猪场管理等各方面的技术进步，述说着一代代养猪人的情怀。

1978 年全国生猪出栏 1.6 亿头，到 2017 年全国生猪出栏 6.89 亿头；猪肉消费从改革开放初期人均约 15 kg，到现在人均约 40 kg。由于养猪业的发展，我们彻底改变了中国人动物性蛋白质食品供应不足的局面，实现了猪肉自给自足，这是一个开天辟地的飞跃。这样的成果来之不易，感恩于党领导下的改革开放政策的引领，感恩于亿万养猪从业者脚踏实地、持之以恒的勤奋努力。

中国养猪业经历了从分散饲养发展成规模化与集约化生产的过程。改革开放初期，中国养猪还不能称之为产业，40 年来，我们学习借鉴国外先进工艺设计，从机械化养猪到工厂化养猪，再到现代化和智能化养猪，我们走了一条引进、消化、吸收与创新的道路。在猪种方面，我们也是从中国地方猪品种到培育新品种、引进国外高产高效猪种，再到实现中国地方猪品种与外来猪品种杂交，生产安全、优质猪肉的生产模式。在育种技术上，我们从常规体尺测定到动物数量遗传学在育种上的应用，再到现在高科技生物技术在养猪生产中应用，实现了育种手段上跨越式的发展。

该书（全 9 册）是养猪科学家与企业家联袂打造的成果，体现了合作共赢的理念，表达了养猪接力棒的传承。我们还不是养猪强国，目前任务还很艰巨，未来任重道远，需要我们继续努力创新，加快提高养猪生产力水平。新一代养猪从业者的胸襟、抱负、视野和理念决定着中国养猪业未来的发展，我们将拭目以待。

作为中国畜牧战线的一名科技工作者，拿到沉甸甸的书稿，我真是心潮澎湃。看到一个个熟悉的中青年科技工作者，看到飞速发展的中国养猪产业，我感到骄傲与自豪，在无比的喜悦中快乐地分享着。在此将该书推荐给广大养猪界的朋友们，以此感谢勤苦付出的编委团队。祝大家猪业新程，再立新功！

中国科学院院士
中国农业大学教授

2018年10月于北京

前　言

改革开放40年，我国各行各业取得了突飞猛进的发展，养猪业也不甘落后，从改革开放前猪肉供应需要肉票，到目前猪肉供大于求，可以说养猪业对于提升人民生活品质所做出的贡献是有目共睹的。“猪粮安天下”“猪为六畜之首”等显示了养猪的重要性。养猪模式也由改革开放初期的散养、一家一头猪、养猪和积肥结合，过渡到以养猪为副业、饲养母猪30～50头，然后到规模化猪场、成立养猪企业，一直到2010年以后大规模养猪企业集团纷纷成立，在养猪企业所占比例急剧上升。这其中猪场自动化应用水平也经历了天翻地覆的变化，由初期的人工饲喂、人工清粪为主，到后来自动供料、自动饮水，一直到现在的环境自动控制、全漏缝地板等，自动化设备的使用，大大地提高了养猪的生产效率，解放了劳动力。可以说在当前的规模化养猪中猪场设施与设备起着举足轻重的作用，没有猪场设施与设备就没有现代化养猪。纪念改革开放40年，梳理猪场设施与设备经历的变革，对于更新养猪观念，激发养猪人更好地提高养猪效率，将起到举足轻重的作用。另外对于当前及今后猪场设施与设备的使用技术及观念更新的论述，也是本书的重点所在，希望对解决当前生产实际问题也有一些参考价值。

本书是从猪场设施与设备这个角度写的养猪技术，不同于传统的养猪技术叙述，要完整地学习养猪技术需要参阅本套书其他分册。本书适合养猪领域研究与应用技术人员、农业机械研究与生产技术人员等用于了解猪场设施与设备40年变化沿革、指导生产实践。编写人员来自高校、猪场设备生产与研发企业、养猪企业，熟悉猪场设备应用的科研专家与生产企业技术应用专家强强联手，优势互补。资料来源于猪场设备研发企业、相关书籍和专业文献。由于编者水平有限，书中有不妥之处在所难免，敬请读者批评指正。

《猪场设施与设备》分册编写组

2018年7月

目　录

第1章
猪场设施与装备的回顾与展望

本章内容提要

改革开放40年来，猪场设施与装备有了很大变化，养猪场从以散养为主发展到现在的诸多大规模猪场。本章对这40年来的变化进行回顾，然后从栏体设备、自动饲喂设备、环控设备、粪污处理设备、最新的智能化设备等几个方面介绍猪场设施与设备的现状并进行展望。

1.1 猪场设施与装备的回顾

20世纪70年代中期以前，全国大型养猪场很少，几乎没有什么养猪机械设备，当时的传统式分娩栏为平地饲养，砖或水泥地面，有砖墙小猪保温区，用稻草或电灯保温。

20世纪70年代中期，全国建成一批机械化养猪场，如广东四会下埠联营畜牧场、广州白云机械化猪场、辽宁马三家机械化养猪试验场、北京东郊农场苇沟猪场等。这些猪场虽然规模较大(万头以上)，但养猪机械设备还很少，只是开始使用自动饮水器、电动刮粪机和电动送料斗车。

1980年广东深圳光明畜牧公司率先引进美国三德畜牧设备有限公司8条万头工厂化养猪成套机械设备。该设备属国际先进水平，机械化、自动化水平较高，一条万头生产线只用6位饲养员。

1987年，由广东农机所广兴牧业机械设备公司研制的万头养猪生产线在广东省东莞塘夏猪场投产。这是我国工厂化养猪设备的雏形。饲养工艺按配种、妊娠、分娩、保育、生长、育成流水线进行，有各种围栏(金属或半金属混合结构)、水泥或钢筋半漏缝地板、粪沟冲洗器、水泥母猪食槽和自动饮水器等。

1993年，广东农机所研制的“94ZT-10000工厂化养猪成套设备”通过省级鉴定，是全国首个通过省级鉴定的养猪成套设备，技术经济指标居国内领先水平。1994年该设备获广东省科技进步二等奖、广东省新产品奖，1995年获国家新产品奖，1996年被列入国家“九五”重点推广项目计划。它包括各种较完善的养猪设备，有各种围栏：全金属配种妊娠栏、高床全漏缝分娩栏和保育栏等；各种漏缝地板：圆钢、细纹钢塑地板、水泥地板、塑料地板；各种金属喷塑食箱；母猪食箱、仔猪补料箱、保育生长和育成双单面食箱；各种通风降温、保温设备；低压轴流风机、喷雾降温系统、电热保温板、远红外保温灯；各种冲洗消毒设备：粪沟冲洗器、高压冲洗机、喷雾消毒器等。

20世纪90年代至今国内养猪设备有较大的发展。养猪设备研制队伍不断壮大，全国规模较大的有广东农机研究所、广东广兴牧业机械设备公司、北京市农机研究所、河北燕东畜牧机械厂、武汉红星畜禽设备厂和山东昌宁市机械有限公司等20多家。国产新设备不断推广应用。1995年广东农机所在全国首次推广铸铁漏缝地板、铸铁食箱，由于坚固耐用，深受用户欢迎。

国内养猪企业不断引进国外先进养猪设备。1980年广东深圳光明畜牧公司引进美国三德畜牧设备公司万头工厂化养猪成套设备，共8套。1984年广东广大畜牧有限公司引进泰国正大公司万头工厂化养猪成套设备，共2套。1985年广东广三保养猪有限公司引进美国三德畜牧设备公司万头工厂化养猪成套设备，共13套。1997年广东东莞板岭原种猪场，1998年广东深圳农牧实业公司分别引进德国ACEMO公司的ACEMA64自动化种猪测定系统各一套。1999年广东东莞特威畜牧公司引进BIGDUTCHMAN液态饲料自动输送系统，共3套。2002年深圳光明农业科技中心引进美国OSBORNE工业公司的FIRE种猪测定系统。

1.2 猪场设施与装备使用现状及展望

生猪养殖业是我国畜牧业的支柱产业，稳定发展生猪养殖对保障市场供应、增加农民收入、促进经济社会稳定发展具有重要意义。近些年来，随着我国生猪养殖业规模化程度的提高，养猪设备的应用逐年增加，养猪设备发展较快，这对推动生猪养殖业的进步和生产力的发展，具有积极的意义。目前散养户或小型专业户大多仍采用传统的养殖模式，主要工作仍由人工完成，基本没有现代化的养猪设备。规模化养猪场采用现代养猪模式，机械化、自动化、智能化设备应用较多。展望未来，规模化猪场将逐渐成为养猪模式的主流，而且使用自动化、智能化设备将逐渐成为趋势，这将极大地减少人工使用成本，提高猪场劳动生产效率。猪场使用的设备从大类上可以分为栏体设备、自动饲喂设备、环控设备、粪污处理设备、最新的智能化设备等。

1.2.1 栏体设备

猪场使用的栏体设备包括妊娠母猪限位栏、哺乳母猪分娩栏、公猪栏、母猪小群栏、保育栏、生长育肥栏等(图1-1、图1-2、图1-3)。下面就其中几种栏体设备的使用情况进行说明：限位栏仍然是妊娠母猪主要使用的设备；也有部分猪场在妊娠母猪进入妊娠后期时采用母猪小群栏饲养，同时搭配半限位采食栏，以增加母猪活动量，降低难产率，降低死胎产生比例，提高母猪使用年限。哺乳母猪分娩栏主要有两种，一种是传统式的，一种是改良型的；改良型分娩栏在新建猪场使用较多，改良后调节杆的高度可以调节，不会压到母猪乳头，保温箱改为保温板，仔猪周围空气更加流通。保育栏一般采用高床漏缝地板，有利于保持栏舍通风，保持床面干燥、清洁，使仔猪有一个较好的生长环境，有利于减少猪只疾病，提高保育猪生长速度。

图 1-1　妊娠母猪限位栏(左)和小群栏(右)

图 1-2　哺乳母猪分娩栏传统式(左)和改良型(右)

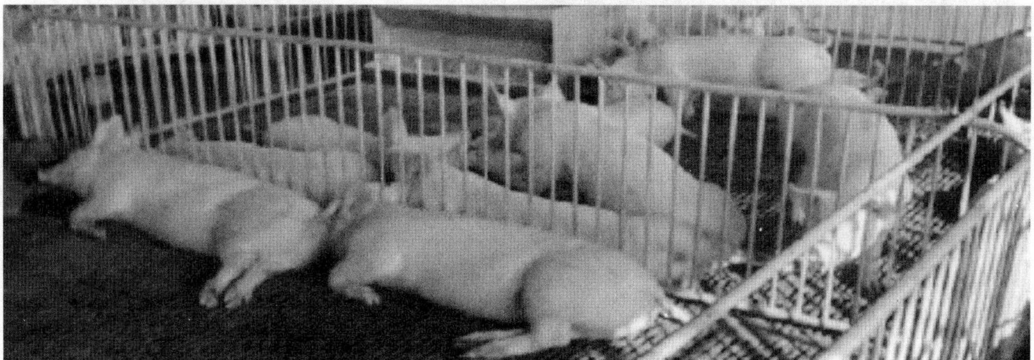

图 1-3　高床漏缝保育栏

1.2.2 自动饲喂设备

自动饲喂设备，一类是目前开始广泛应用的干料自动送料系统，包括螺旋绞龙式和索盘式两种(图1-4)。将饲料从料塔或料斗输送到猪舍中各个猪只的食槽里，并通过控制器实现定时、定量饲喂，以满足猪只不同生长时期的饲喂需求。其优点是操作管理方便、运行可靠，对饲养管理人员水平要求较低，大大减轻饲养管理人员的劳动强度，整个饲喂过程都是在封闭状态下进行的，饲料不会受到外界环境的污染，不会在饲喂过程中产生粉尘污染，能最大限度地减少污染。另外一类自动饲喂设备是液态料自动送料系统，这个设备工艺比较多，技术先进，相对成本也高出不少。仅有很少的大型猪场使用，如广东东江畜牧有限公司引进的S.K.D公司的一套液态料自动送料系统，使用该套设备时水和料混合后通过管道送到猪舍食槽。自动饲喂的料槽设备除了饲喂干饲料的设备外，前些年推广应用了一种干湿料槽(图1-5)，料槽和旁边的水槽连为一体，中间简单相隔，猪采食时可以同时在旁边饮水，不过这种料槽如果下料过多就会让料与水相混，长期不清理造成饲料变质，从而造成饲料浪费。最近正快速进展的是保育猪智能型自动湿料饲喂设备，饲喂的是水和料成比例的湿料，同时有感应装置感应料槽的饲料量，不会造成料槽下料太多，时刻保持料槽饲料是新鲜的。

图1-4 自动送料系统螺旋绞龙式(左)和索盘式(右)

图1-5 干湿料槽(左)和自动湿料饲喂设备(右)

1.2.3　环控设备

猪舍空气质量对猪健康水平和生产性能的影响越来越引起人们的重视。大多猪场在环控方面的设备包括风机、湿帘、卷帘（图 1-6），有的猪场安装了智能环控系统。环控系统主要根据温度的变化自动控制风机、湿帘、卷帘的运转，智能化水平相对比较简单；大多猪场主要还是通过人工控制为主。随着大型集约化规模猪场的增多，对环控设备的要求也更高。目前大多数猪场所采用的基本上都是单因素控制，在猪舍内的环境自动控制设备和系统应用得比较少。

图 1-6　猪场环控设备

1.2.4　粪污处理设备

随着猪场粪污给周边环境带来的压力越来越大，猪场粪污处理设备备受关注，刮粪机、固液分离机、污水处理工程设备（图 1-7、图 1-8）开始在猪场应用增多。刮粪机、固液分离机投资成本不是很高，可以大大减轻猪场粪污对环境的污染，降低粪污处理成本；处理后加工成有机肥还可以支持种植业的发展。相对来说，污水处理工程设备需较为复杂的机械配套设备并辅以相应的建筑设施，投资成本大，对设计、运转技术水平要求较高，多应用于大型养猪场。

图 1-7　固液分离机（左）和刮粪机（右）

图 1-8　污水处理工程设备

1.2.5　最新的智能化设备

近几年来计算机和信息技术在养猪设备上的广泛应用，促进了智能化养猪设备快速发展。首先是智能型种猪测定设备(图 1-9)，它是种猪育种测定猪料重比的重要设备。该设备在广东省研究单位——广东省现代农业装备研究所的大力攻关下，于 2008 年研制成功，具有完全的自主知识产权，产品性能达国际先进水平，市场价 5 万元左右。现已在全国各地广泛应用，使用效果较好，已逐渐成为国家核心育种场的必要设备。该设备大大提高了种猪育种的速度，提高了育种数据的准确性，提高了育种水平。其次是智能型母猪群养设备(图 1-10)，母猪以大栏群养的模式进行饲养管理，改变了传统的母猪限位饲养模式。母猪在群养环境下，增加自

图 1-9　智能型种猪测定设备

[图片来源于睿保乐(上海)贸易公司]

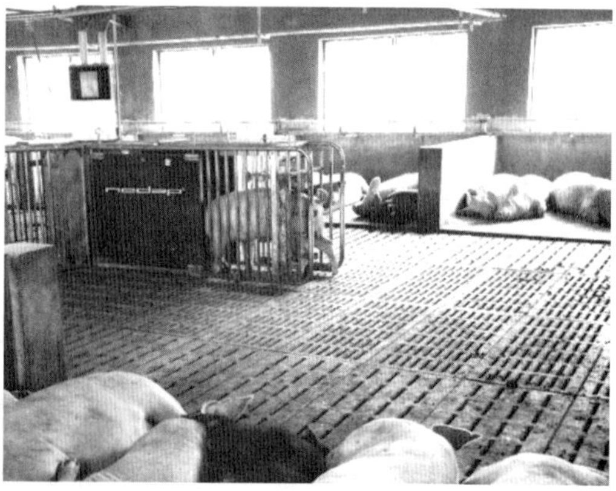

图 1-10　智能型母猪群养设备

[图片来源于睿保乐(上海)贸易公司]

由活动空间和交流机会，增强体质，改善健康状况，也减少限位饲养给母猪造成的伤害，提高动物福利水平。该设备在部分猪场推广使用，使用效果不一，有的猪场由于操作人员管理得比较好，使用得当，取得了很好的效果，而在有的猪场则导致猪场母猪流产增加。使用该设备对操作人员的要求高，需对操作人员进行培训，使其充分了解设备的原理和操作。其他正在快速发展的智能化设备还包括上述的保育猪智能型自动湿料饲喂设备、智能环控设备、哺乳母猪智能饲喂设备。

第2章
猪场繁育设备与装备

本章内容提要

猪场繁育设备与装备主要包括性能测定设备和人工授精设备。本章从电脑和种猪遗传评估软件、电子秤、B型超声波测定仪三个方面介绍猪场常用性能测定设备；从用于人工授精的公猪训练、精液制剂生产两个方面介绍猪场常用人工授精设备。

2.1 性能测定设备

2.1.1 电脑和种猪遗传评估软件

在进行种猪生产性能的测定时，需要时刻进行记录。一台性能较好的电脑是必不可少的设备，同时还需要种猪遗传评估软件对种猪遗传进行准确评估。常用的种猪遗传评估软件有GBS、NETpig及软件包PEST等，我国很多种猪场广泛使用的是育种软件GBS。

现代动物育种有2个基本特征：一是广泛应用现代遗传育种理论和方法；二是全面应用计算机技术，二者相辅相成。现代遗传育种理论和方法的一个基本原则是利用一切可以利用的信息和最先进的统计分析方法来进行育种工作。其中，根据畜禽性能测定对个体进行育种值估计，进而评价其种用价值是现代遗传育种理论和实践的一个重要内容。育种学家先后提出了不同的畜禽估计育种值计算方法，而最为广泛应用的是1973年由Henderson引入的最佳线性无偏预测(BLUP)方法。基于此，国内外先后开发了一系列用于育种值估计的软件，如DFREML、MTDFREML、VCE、ASREML、DMU。以上软件仅限于遗传评估，操作较为复杂。

为便于种猪场管理，育种工作者开发了集成遗传评估的种猪场育种管理软件，比如目前国内使用较多的有 GBS、Herdsman 等。

在数据和遗传评估模型及初始参数一致的情况下，DMU4 和 GBS 由于采取相同的算法，估计育种值一致性最高，DMU5 主要为解决遗传评估中非正定矩阵问题，其育种值估计与 DMU4 和 GBS 高度一致。DMUAI 基于约束极大似然方法，可以首先估计群体遗传参数，并且在相同条件下，育种值估计准确性略高于 DMU4 和 GBS。在相同模型下，GBS，Herdsman 与 DMU 育种值估计应无差异。可以看出，遗传评估软件对评估结果影响不大，主要是具体遗传评估模型的配置。

GBS 种猪场管理与育种分析系统软件是在充分结合世界先进发达国家的种猪科学管理经验基础上，总结我国养猪饲养育种经验和经营管理理念，运用现代计算机技术实现生命周期内的种猪生产繁育过程的全方位监管，使种猪发展更加规范化、科学化、透明化。GBS 系统软件从功能上区分应分为育种系统和管理系统两大板块。育种系统主要负责基础信息、种猪生产性能、育种分析方面的实践操作；管理系统主要负责猪群管理、销售管理、疫病防治方面的日常管理。GBS 种猪场管理与育种分析系统软件涵盖了种猪场发展所需的各个层面。

南京丰顿科技有限公司研发了种猪遗传评估与服务平台。该平台的主要目标市场为国家、省、市各畜牧局监管部门，系统的核心业务功能包括：种猪登记管理、品种登记管理、测定信息管理、遗传评估管理、选种选配管理、系统管理、权限管理等，平台提供计算工具平台，保证科学选配、优化育种，运用育种 ebv 值构建模型，采用先进的 BLUP 运算保证各种猪场生成的配种计划科学、精确，大幅提高选种选配的质量。

2.1.2　电子秤

1. 生猪笼秤

在测达 100 kg 体重猪的日龄数据时，比较容易获取，使用电子秤就可以了，建议在称猪时用的电子秤必须要精确稳定，形状最好是猪栏式，这样便于进行猪的背膘厚测定。

生猪笼秤（图 2-1）是专为畜牧业、屠宰行业设计的专用电子秤。此类型秤采用全新设计的钢结构秤台，配用称重传感器和智能化称重显示仪表组成称重系统。该系统准确度高，称量迅速，工作稳定可靠，特别适于称量生猪。

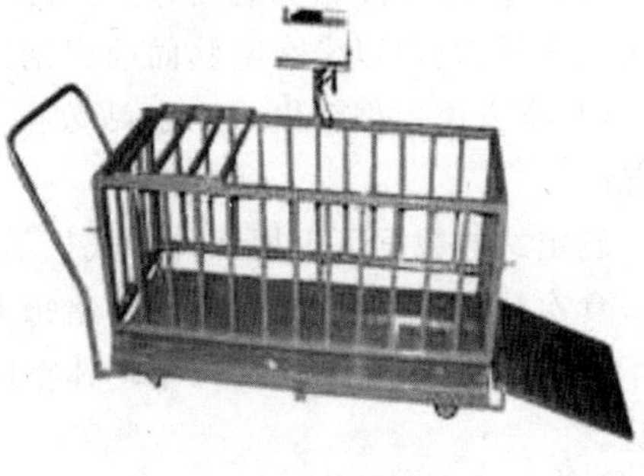

图 2-1　生猪笼秤

产品特性：

- 钢花纹板台面能防止猪站上去打滑，平板精工焊接，结构紧固耐用；
- 特别护栏和进出栅栏门；
- 喷漆防腐处理；
- 接线盒设置在高位置，免受水冲洗；
- 电子显示精确便捷；
- 最大称重 250 kg；
- 底部有滑轮方便移动。

2. 全自动种猪生产性能测定系统

全自动种猪生产性能测定系统是利用电子耳牌的识别技术，从群体中识别出个体，系统在完全不干扰测定猪正常生活的方式下，通过个体测定秤记录该测定猪采食时的体重值，通过料槽秤记录该测定猪的采食量，以获取日增重和饲料报酬的原始数据；再通过计算机软件处理，输出生产性能信息。这些信息可直接用于生产实际，如种猪选择或选育，了解新品种、新品系的生长性能，猪的营养需要研究，饲料配方的筛选或用于计算猪生长发育曲线。

（1）测定系统组成　该系统可由多个（一般 8 个左右）测定站组成，每个测定站相对独立，主要有以下几个部分。

射频电子识别系统：包括料槽旁边安装的识别天线和猪的电子耳牌，在猪只进入天线识别区域时能够自动识别并记录信息。

电子料槽：通过猪只采食前后的差额，可得出该测定猪此次的采食量。

电子测定秤：猪只在采食时，体重相对平稳时自动记录该测定猪的体重。

电脑以及 Fire 软件：记录所有信息，输出生产性能数据。

（2）电子秤的校正　为了使测定数据更加精确，在每次测定前都要校准电子秤，用相应的标准砝码（料槽秤一般是 1 kg 的砝码；个体测定秤一般是 60 kg 的砝码）校准，料槽秤可精确至 10 g，个体测定秤精确至 0.1 kg。

用便携式读牌器读出电子耳牌号码，然后给猪打上耳牌，将猪群赶入栏中，调整测定秤的保护挡板使其刚好容一头猪进入。经过 3 d 左右的适应期，在电脑的“测定控制”栏上能看到所有的电子耳牌号码，即可正式进入测定期。

（3）全自动种猪生产性能测定系统测定种猪生产性能的优点

群体饲喂，个体测定：由于记录的是连续数据，各个阶段的信息都在其中，可以按照需要选定某一时间段，查看其生长性能参数。

精度：料槽电子秤的精确度为 10 g，个体测定电子秤精确度为 100 g，这都是人工测定无法比拟的。

详尽记录采食行为：当一头猪在单栏饲喂时，一天的总采食时间为 2 h 左右，因此每个测定站可以放 12～15 头测定猪，这与实际生产状况的群体饲养数量基本一致。由于 24 h 跟踪记录采食行为，可以坐在电脑面前根据猪的采食量情况了解猪群的健康状况和行为特征。

（4）全方位数据输出　测定站数据类总报告，可以检查测定站运行情况和测定猪的采食状况。

测定站的数据可以用三种方式显示。数据列表：包括每天的测定猪总数、饲料消耗总量、总采食次数、总采食时间以及测定猪每天的平均体重；饲料投放图：以条形统计图的形式直观明了地显示每天的采食总量；平均体重图：以折形统计图的形式显示每一天猪的平均体重变化趋势。

个体生产性能报告。数据列表能够详尽记录每天每头个体猪进入测定站的次数，以及每次进入进出时间、采食时间、每次的采食量和体重；饲料投放图以统计图的形式显示每天的采食总量；体重走势图以折形统计图的形式显示每头猪每天的体重变化趋势。

数据的导出。系统中的各种数据可以导出到诸如 Microsoft Office Excel、SPSS 等一些常用工具软件中进行统计分析，更能够反映群体性能。

（5）跟踪测定猪体型的变化　利用视像分析系统还可以对测定猪进行一些关键体尺测定。

这些数据与采食量、生长速度、胴体性状有相关关系，用于胴体性状和生长效率指标的遗传选择。

美国奥斯本种猪生产性能测定系统(图 2-2)是世界公认的在商业生产和学术研究方面进行种猪或肉猪生产性能测定的科学标准设备。该系统全自动记录猪采食量和每天体重数据，用于种猪的遗传评估或跟踪猪的生长性能进行饲料、药物、疫苗筛选。通过电子身份识别技术，该系统可以在实际生产环境下对猪、羊和其他牲畜进行精确且更便捷的生长发育性能测定。精心制造和模块化设计保证奥斯本生长性能测定系统操作简单、维护方便、记录准确科学。

图 2-2　美国奥斯本种猪生产性能测定系统

FIRE 系统组成：

- FIRE 电子料槽——根据个体动物的电子耳牌自动记录采食量的自由采食料槽。
- 护栏——个体动物进入 FIRE 工作站采食时对其进行保护。
- WinFIRE 软件——应用从 FIRE 系统中收集和整理的数据信息。

功能特点：

- 独创 DPC 软件技术，即使动物采食期间也可精确记录饲料采食量；
- 自动采集、记录、保存大量的猪(其他牲畜)生长、采食数据；
- 对猪(其他牲畜)生长无干扰，数据客观、真实，数据科学处理分析；
- 特殊事件或采食不正常个体提醒，对猪只(其他牲畜)监管更健康、及时；
- 精心设计的护栏，可以限制抢食，减少霸王猪个体对其他个体生长的影响；
- 多年改进的 WinFIRE 管理软件，数据采集、保存、备份简单、安全，提供生长性能测定所必需的记录和报告，实用有效。

2.1.3　B 型超声波测定仪

常用的活体背膘测量方法有超声波法和探针法，探针法对活体猪破坏性较大。超声波法是超声仪发射的超声波在活体猪体内传播时，遇到不同组织的密度、声阻值以及所处位置的深浅不同，产生不同的回声，然后根据回声的强弱、分布可以推断不同组织在体内的位置和大小。超声波法能在无任何损伤和刺激的情况下准确、有效地测量活体猪的背膘厚，因此得到广泛的应用。目前，国内常用的活体测膘方法有 A 型和 B 型超声波法，A 型超声波以波幅变化反映回声情况，为幅度调节型；B 型超声波为灰阶实时超声，采用灰度调制的二维声像图显示，每个光点的亮度与回声的振幅成正比。

因为B型超声波测定仪采用多晶体结构，能实时、快速、准确地反馈声波形成清晰的图像，准确性较高，所以很多种猪场都使用B超进行活体背膘测定，目前用于测定活体背膘的B超较为普遍使用的型号有：ALOKA 500、ALOKA218、AMI900、ECM A8、A16 等。

运高 Lean-meter 背膘测试仪(图 2-3)。用脉冲超声波来测量哺乳动物三层背膘厚度。测量范围和误差是 4～35 mm±1 mm。背膘的厚度在测量后会自动显示。仪器不防水，不能浸入水中。电源：美国 NMH 充电电池。安装：把探头和导线、导线和仪器连接起来，按住并旋转直至锁定即可。开机：按下并按住按钮，打开仪器电源，显示屏会亮，瞬间显示“88”，校验仪器功能正常。左边三个指示灯也会亮一下，然后数字显示“0”，其余显示消失。使用：在测试部位涂上一定量的油或水用于使探头与皮肤耦合完好，超声波无法穿透空气或气泡。按下按钮。把探头贴到动物皮肤上，轻轻旋转移动，确保皮肤和探头之间没有空气或气泡，探头一定要保持垂直于背部，如果倾斜可能导致测量错误。用食指和中指夹住探头比较容易操作。三个指示灯，第一个灯亮表示 1 层背膘，第一个和第二个灯亮表示 2 层背膘，三个灯都亮表示 3 层背膘。皮肤不超过 3 mm 的情况下，皮肤厚度也包含在读数内了，如果皮肤厚度超过 3 mm，则被作为一层。一般来说，皮肤不会超过 3 mm 厚。指示灯亮证明测量到几层背膘，如果不亮，证明皮肤接触不好，需再多加点油，来回移动排出气泡，保持探头垂直。探头耦合度对于测量结果很重要。多数猪有第三层背膘。随着猪体重和日龄增加，第三层背膘增厚并分布面更大。测量背膘最准确的位置：把手指在肋部移动，找到最后一根肋骨(确定前后位置)，脊柱骨两侧 6.5 cm 处(确定左右位置)，用食用油或清水涂上，确保探头耦合良好。注意：背膘的不规律可能影响超声波的穿透，移动探头使超声波穿过，读数即可显示出来。背膘层的厚度不是处处一样厚的。通常邻近的位置两层或三层读数能够保证准确性。指示灯亮时读数显示出来。老猪皮肤厚而且死皮多，探头接触要困难一些。如果需要可以把测量部位的毛剃掉，用热水润湿软化皮肤，用食用油涂抹并稍等 1～2 min 再测量。充电和电量低显示：根据提示电压，插入插头充电。注意：插头插着时充电指示灯一直亮着。第一次使用充电 15 h。每次充电时间要超过使用时间的 3 倍，以保证电池寿命，但不能充电超过 30 h，这样会减少电池寿命。充电器连接着时仪器不能使用。当电池在放电和没有作测量时，“0”的位置会显示一个短横线，表明电力低，只能用很短时间了；再测量时“0”会再出现。2 min 不测量，仪器自动关断电源，这样即

图 2-3　美国运高 Lean-meter 背膘测试仪

使仪器被反放在桌上，按钮被压住，也不会持续放电。塑料校验圆柱体是用来校验仪器的，在探头或者塑料圆柱一端涂上油，另外一端不要接触任何物体表面，读数应该是 25 mm 左右，湿度不同有所差异。因为这个仪器是晶体仪器，只要有读数就证明内部没有问题。

猪眼肌面积和背膘厚度与瘦肉率直接相关。在猪的遗传育种和性能鉴定上作为两项重要的指标参数深受重视，其精确测定有重要的意义。测定活体的背膘厚度和眼肌面积在实施超声技术中已广泛应用。

加拿大阿米公司的 AMI-900 型兽用 B 超仪（图 2-4）（重量轻，机内备充电电池，充电后无须外接电源即可连续工作 2 h 以上，单人携机即可到栏舍或野外操作，无须固定在测量室）在测量猪眼肌面积和背膘厚时采用 12 cm 长、3.5 MHz 电子线阵探头，其影像清晰直观，层次分明。该机具备距离测定和面积、周长、体积测定功能，对冻结影像当场即可显示出精确到 0.01 cm 或 0.01 cm^2 的背膘厚度或眼肌面积的测量值，且机体本身可存贮 4 幅冻结影像，当场即可用影像打印机直接打印出影像及测量值，或将影像转移到电脑内进行存盘及数据处理，在打印或转移前尚可在影像屏幕上标准测量时间、地点、猪号等文字和数据资料。

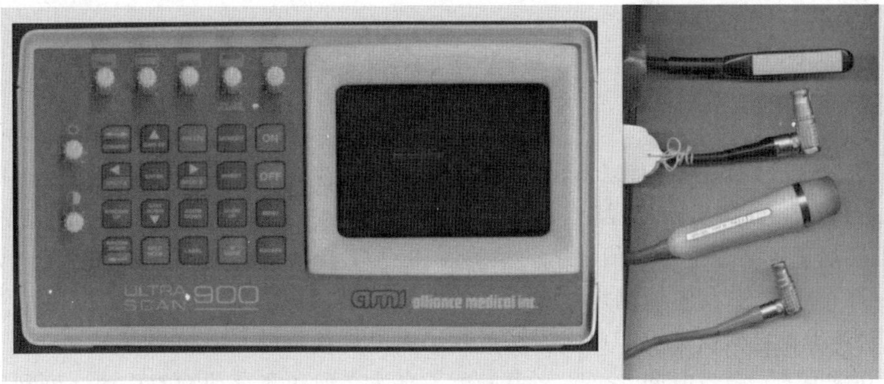

图 2-4　加拿大 AMI-900 兽用 B 超（用于猪的活体测膘）

用玻璃胶制作特定的测量模，一面与探头平面连接，另一面与猪背弧面吻合，其长短厚薄与探头一致。测定时将其固定在探头上，一手调节主机，一手掌握探头，甚为方便且经济实用。

在猪舍内测定，尤其是在限饲栏内测定无须特殊保定。让猪自然站立，或适当喂给精料以保持安静，若在野外操作可用铁栏限位或用牵猪器套嘴保定，使之自然站立。猪眼肌面积和背膘厚的测量一般在同一位置。我国多数单位采用三点平均值，即肩胛后沿、最后肋处及腰荐接合处距背中线 4 cm 处。亦有人仅测量 10～11 肋间距背中线 4 cm 处一点。具体测量可根据实际需要而定。

测量位置剪毛（尽量剪干净，必要时用温水擦洗去痂），测量模平面及探头平面涂上耦合剂，并将测量模黏合在探头上，猪背测量位置涂上适量耦合剂，将探头及测量模置于测量位置上，使测量模与猪背尽量密接，但不可重压，观察并调节屏幕影像，使辉度、对比度、增益度适宜，尽量使近场增大，远场减小，获得理想影像时即冻结影像，测量背膘厚和眼肌面积，并加注说明资料（如测量时间地点、猪号等）将影像打印或存储处理。

测量时务必使探头直线平面与背正中线纵轴面垂直，不可斜切，以获得正横轴面的切面影像。在识别超声影像时首先确定皮肤界面、脂间结缔组织和背最长肌肌膜所产生的 3～4 条强回声影带，然后确定眼肌四周肌膜的强回声影像，以确定眼肌面积周界。

在超声影像中可见3～4条明显的强回声影带，第1条为测量膜与皮肤介面的超声反射，第2条为脂间筋膜反射，第3条为眼肌肌膜反射。根据屏幕标尺离脊骨强回声点4 cm处从第1条影带到第3条影带的垂直距离即为背膘厚。测量时确定起点和终点后膘厚长度(mm)即显示在屏幕上。

在超声影像中由于眼肌肌膜的强反射产生清晰可见的近似椭圆形眼肌轮廓。由于眼肌筋膜上下界正对超声发射线，所以产生线状边界，而两端则只产生点状回声带。测量时先确定上下界之椭圆形短轴，然后确定两端之椭圆形长轴。近似椭圆形的眼肌面积值(单位：cm^2)即显示于屏幕上。

影像及数据的存储处理。AMI-900兽用B超设有视频输出接口，可连接影像打印机直接将影像及测量的数据打印出来。也可连接摄像机将影像及数据复制在VCR录影带内。该机同时设有RS232接口，可通过介面盒与计算机连接，应用超声软件将所测量影像及数据转移到电脑内进行存储和处理。亦可用照相机对屏幕拍摄。

2.2 人工授精设备

猪场采用人工授精技术，有以下优点：公猪数量的减少，节约了空间和公猪维持费用。使用较高遗传价值的公猪后，养猪场生产性能改进快，遗传进展扩散迅速。生产均匀的同质动物，同时出栏屠宰。增强遗传价值评估的精确性：a.人工授精公猪生产更多的后代。b.后裔测定值和包括的选择指数信息使测定性能评估的准确性增加。增加选择强度，以便每头公猪通过人工授精获得比自然交配生产更多的仔猪数。通过性接触感染疾病的风险降低了，带病动物的通道也减少了。节省时间、金钱，努力避免了自然交配和繁育动物的移动。可利用体重差异巨大的动物进行繁育。配种时避免有心脏病动物的紧张或拒绝配种。

2.2.1 用于人工授精的公猪训练

公猪训练在于让公猪爬跨假母台(图2-5)，以便开展采精工作。假母台必须容易移动，稍低于公猪眼睛的高度，而且它的尺寸必须和那些青年母猪相近，采精(图2-6)期间公猪要非常舒服、不疼痛并保持固定姿势。

公猪接近母猪的自然行为是依靠嗅觉和用鼻子拱触母猪体侧和背部，在交配前大多是这样的情况。使用假母台时这是必须考虑的问题。

公猪从6～7月龄可以开始训练，而成年公猪已经习惯于自然交配，可以接受训练。公猪单圈独养更方便训练，因为如果它们组群后学习过程会更艰难。

训练可以用可移动假母台进行，或者在采精区直接用固定假母台进行。在公猪圈使用移动假母台更明智(如果不使用板条箱)，这样，公猪会集中注意力到“新物体”。

假母台必须覆盖有气味以刺激性欲；可利用发情母猪尿液和其他公猪精液制造气味。采精者必须先活动假母台然后使其保持静止，这样能表现出发情母猪的僵硬姿势。如有必要，训练时可模仿母猪咕噜声以引起公猪注意。此外，和公猪谈话并拿着装有精液的容器接近它的

图 2-5　假母台

图 2-6　采精

鼻子以刺激和吸引公猪到达假母台，当公猪试图触到精液容器时可诱其爬跨。这一过程也可以用食物进行引诱。

每次训练时间不宜超过 15 min，应该每天坚持在早上或下午训练。

当公猪开始爬跨假母台（这是最困难的部分）时，公猪必须有 2 周时间适应假母台，两次采精之间要休息 3～4 d。经过这一时期后，可建立一个更高效的采精频率，即根据精液浓度采精，当精液浓度允许灌装 12～15 份精液时，每周采精 1 次；精液浓度更高时，每周采精 2 次。

2.2.2　精液制剂生产

人工授精实验室（图 2-7）必需的仪器：采精区/实验室、假母台、橡胶垫、储存箱（15℃）（精液冷藏箱）、灭菌箱、水浴锅、切片加热器（恒温载物台）、磁力搅拌器、水净化系统、显微镜、电子天平、细胞计数器、最大/最小温度温度计。

可选用仪器：双层温度箱（4～140℃）、冷藏箱（4℃）用于储存精液评估用的药品材料和溶液、蠕动泵封口器、用于精液储存的冷藏室（15～16℃）。

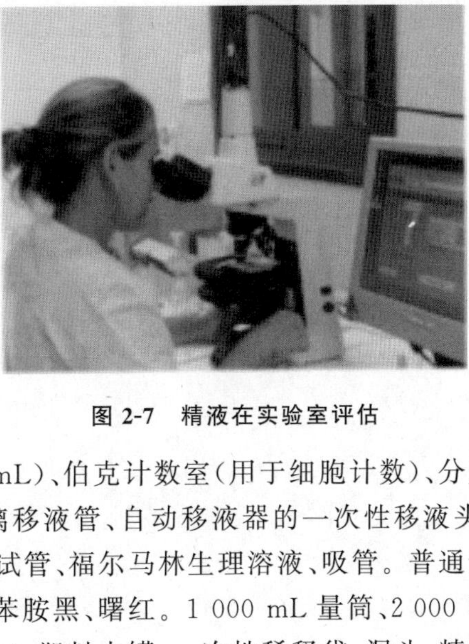

图 2-7　精液在实验室评估

实验室材料：烧杯（250 mL）、一次性塑料杯、塑料袋、采精杯、纱布或者过滤纸、橡胶带、无粉乙烯手套、塑料包装手套、载玻片、盖玻片、量筒（250，500 mL）、伯克计数室（用于细胞计数）、分光光度计（可选）、巴斯吸管、自动移液器（1 mL）或玻璃移液管、自动移液器的一次性移液头、10 mL 移液管、100 mL 量瓶、温度计、试管架（货架）、试管、福尔马林生理溶液、吸管。普通试剂：甲醛（40%）、柠檬酸钠、氯化钠。着色试剂：蓝矾、苯胺黑、曙红。1 000 mL 量筒、2 000 和 5 000 mL 锥形烧瓶（艾伦美氏烧瓶）、2 000 和 5 000 mL 塑料水罐、一次性稀释袋、漏斗、精液稀释液、蒸馏水、精液制剂容器（瓶、管）、试管架（rack）。清洗刷、冲洗瓶、过滤纸、中性的实验室肥皂。恒温箱以便加热精液（如果输精时使用 34～37℃ 精液）、精液运输冷藏箱。输精管（图 2-8）：美尔罗斯或一次性的。用于精液瓶的圆形搅拌器（可选）、人工授精车（可选）、输精管杀菌器（用于美尔罗斯型）、消毒毛巾、输精鞍具（breeding saddles）（图 2-9）、合成信息素。

采精频率控制卡、个体公猪控制卡、授精控制卡、公猪站管理软件。

图 2-8　输精管

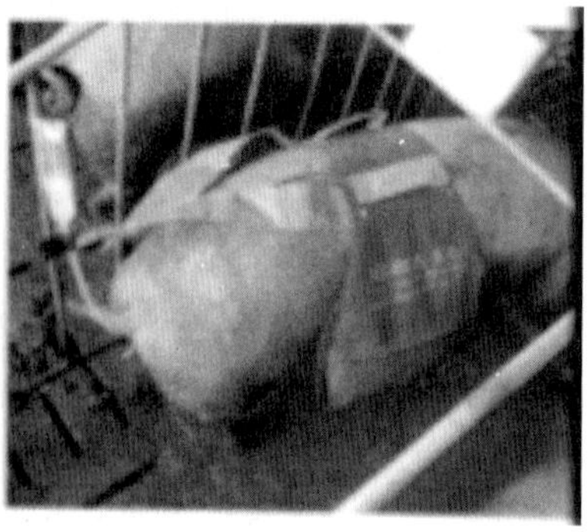

图 2-9　母猪背上的鞍具

第3章
饲养设备

本章内容提要

养猪产业历来是促进农业项目致富，企业发展增效的重要产业，国家一直大力支持养猪业发展。我国目前大量从国外进口粮食，养猪业是我国用粮最大的产业，随着世界粮食危机的日益明显，减少饲料浪费和提高饲料效率尤为重要。

我国传统养殖模式已无法适应当前的养殖形势，传统生产管理工艺中饲料浪费严重，造成养殖场生产效率低下，投资回报偏低。因此，要通过采用具有高新技术的养猪设备，通过智能饲喂系统，通过简单可靠的管理方式，来改善和发挥猪场的生产潜能，提高养殖场运行水平，从而降低养殖场成本、增加养殖效益。

本章对妊娠期、哺乳期、保育期、育肥期四个阶段的核心设备做详细说明，探讨智能养殖，健康养殖，促进养殖的可持续发展。

3.1 妊娠母猪饲养设备

3.1.1 母猪体型结构的改变

从市场导向性和育种的方向来说，我们饲养的母猪从过去（1978 年）到现在有着显著的变化，体型更大但背脂更薄（图 3-1），繁殖性能提高，产仔数更多一些；同时又要求采食精细化程度高，饲料转化效率高，产肉性能高，泌乳期更短，缩短繁殖周期。这样，我们的母猪就更“娇气”，传统的管理方式已经不能满足现代化猪场更精细化、工厂化和更高效的发展方向。

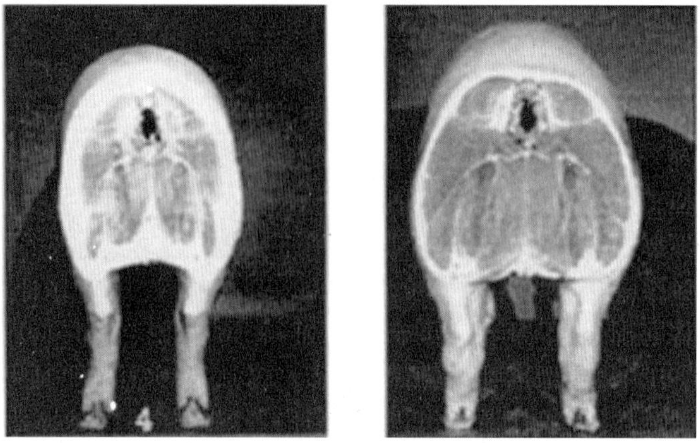

图 3-1　母猪体型结构的改变

（左为1978年母猪体型结构，右为2018年母猪体型结构）

绝大多数猪场管理者已经意识到或有这方面的需求，要求一线的饲养人员按照体况的评分（图3-2）来对母猪进行精细化饲喂管理。但是，在人员实际操作上由于设备工艺的问题很难实现，特别是规模化程度高的猪场。

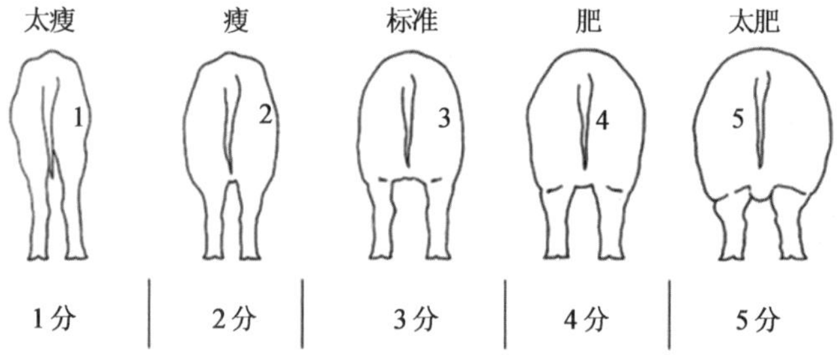

图 3-2　母猪体型评分

3.1.2　妊娠母猪的现状

1. 单体限位栏（图3-3）

优点：每头母猪限位，方便饲养员操作，人工投料喂猪。

缺点：母猪缺乏运动，肢体病问题严重，母猪淘汰率高，心肺功能弱化，应激反应大，争食打斗严重。饲养员手动投料，无法顾及个体母猪的胎次、体况、怀孕天数所要求的精确饲喂，规模化猪场母猪体况差异大，平均饲喂造成肥瘦不等，低效的饲喂造成饲料浪费大。

2. 半限位小栏和小圈群养（图3-4，图3-5）

优点：母猪有运动条件，肢体病问题减少，母猪淘汰率降低。

缺点：无法顾及个体母猪精确饲喂。人工投料误差大，投料时应激反应大，争食打斗更为严重。员工一次性把料投到料槽内，妊娠阶段的母猪是限制饲喂的，这样吃料速度快的母猪或强势的母猪始终抢吃、多吃其他母猪的饲料，无法控制母猪体况，也会造成饲料分配的不合理。

图 3-3　母猪单体限位栏(由成都市泰丰畜牧新技术有限公司提供)

图 3-4　半限位栏饲养

图 3-5　小圈群养

3. 自动饲料输送+定量下料斗+限位栏(图3-6)

优点:解决了饲料的搬运问题,饲料输送方便,母猪限位管理简单,在有高强度责任心的人员管理下可以做到精确饲喂,需要人工手动调整每一头母猪头上定量桶上的刻度,再统一投料。

缺点:母猪缺乏运动,心肺功能弱化,肢体病严重,淘汰率高。对饲养员责任心要求很高,每次投料前需要人员调整好投料桶上的饲料量刻度值,填装好饲料后,再投料,应激反应大,投料有误差。

图3-6 自动饲料输送+定量下料斗+限位栏

4. 大栏和超大栏群养模式(图3-7)

大栏群养饲喂站每台饲喂50~60头母猪。

优点:通过个体母猪佩戴的电子耳标识别,母猪经过驯化,自己进入饲喂设备里面,设备识别母猪身份,可以做到精确饲喂。母猪在这里有固定的采食区和躺卧区,有一定的运动性,以这种方式饲喂的母猪普遍体况较好。

缺点:需要配合电子耳标进行识别,增加了运营成本。投资成本较高,设备投资成本较高,对妊娠舍的设计要求比较高。对使用人员有一定的要求,一旦人员流失,需要再次培训,维护成本高。

图3-7 大栏群养饲喂站

续图 3-7

5. 智能化母猪饲喂模式(图 3-8)

采用智能化母猪单栏饲喂管理系统,该系统由集成控制器和设备硬件组成,可自动实施对个体母猪及群体母猪精细化、智能化饲养管理。

图 3-8　智能饲喂系统[由睿保乐(上海)贸易公司提供]

续图 3-8

该系统由一个或多个电子投料器连接到一个指令器，又连接到一个中央控制器组成。

该系统根据母猪的个体情况设定饲喂曲线，进行多次缓慢投放饲料，保证了群体妊娠母猪或个体哺乳母猪能够在安静的环境下同步采食到它们所需要的精确饲料份额，可以理想地适用于产房中母猪、群养舍或配种舍中的母猪，使母猪得到正确的饲喂。对于猪场一线饲养人员来说，使用非常简单可靠，同时，这套系统可以在原有的猪场进行无缝的加装和升级，便于老场的智能化改造。

妊娠母猪：采用半限位活动小群体栏位设计，每 6 头妊娠母猪一个栏位，每头母猪 2.0～3.0 m^2，设备采用智能化母猪单栏饲喂管理系统，需要配置自动料线系统向单栏智能化饲喂系统填装饲料，由单栏饲喂系统自动或手动完成对小群体妊娠母猪的精确饲喂管理，根据妊娠母猪的胎次、体况（偏肥或偏瘦）、妊娠阶段的精确需求量投放饲料。见图 3-9。

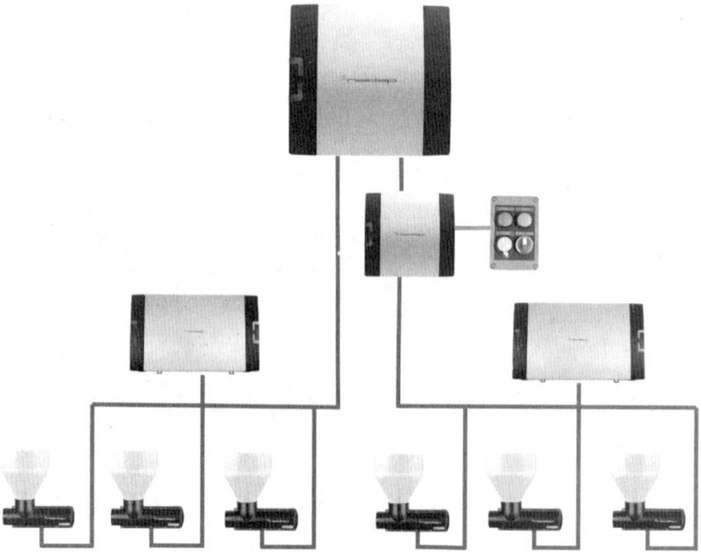

图 3-9 连接智能化母猪单栏饲喂管理系统

智能化单栏饲喂管理系统(图 3-10)的优点:能为母猪提供一定运动量,符合母猪的动物福利政策,减少人员的劳动强度。缺点:由于需要更多的饲养面积和购置设备,投入成本较高。另外,由于母猪随机在不同栏位采食,母猪采食的打斗现象比较严重,弱势母猪的采食得不到很好的保障。

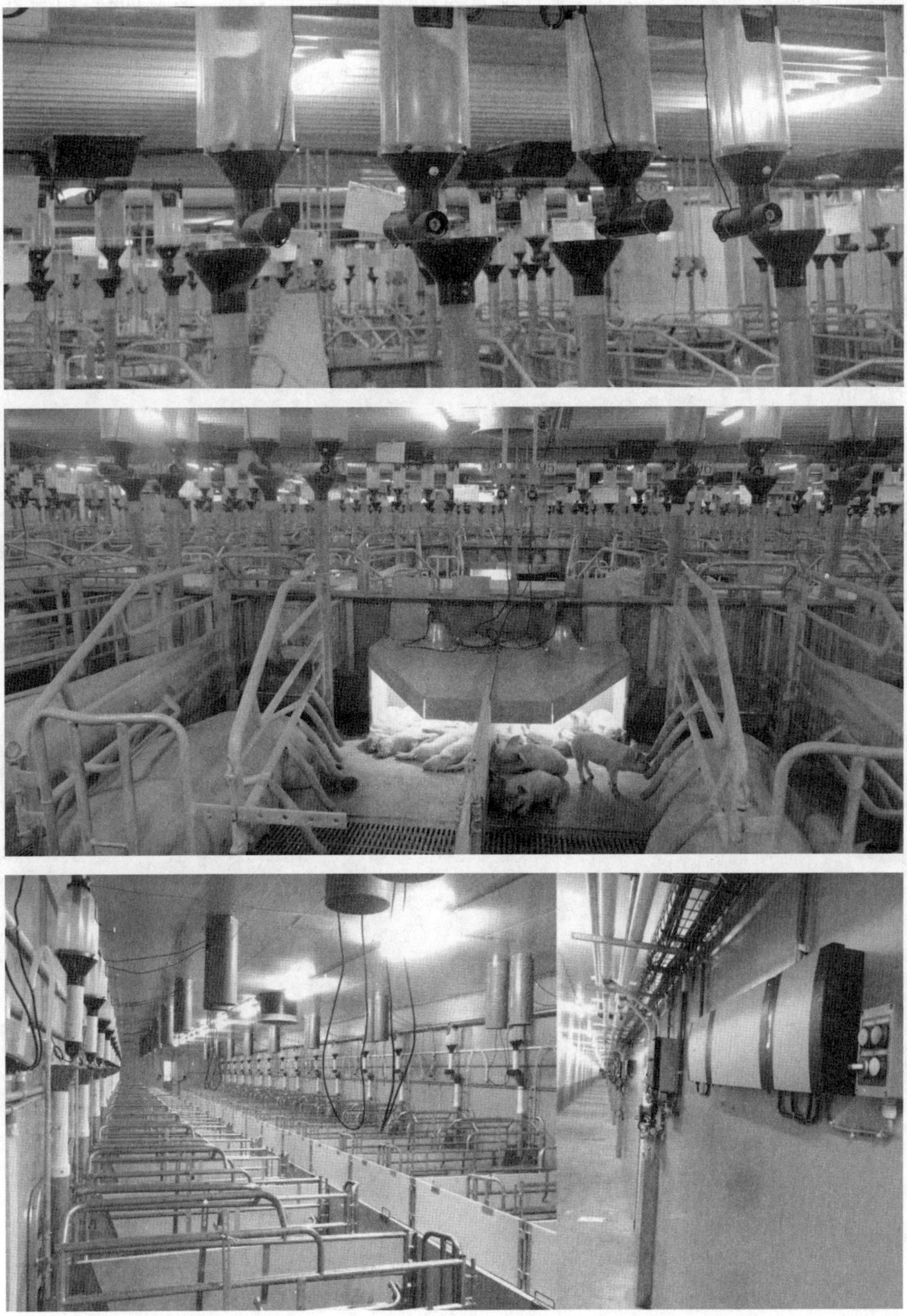

图 3-10　智能化单栏饲喂管理系统[由睿保乐(上海)贸易公司提供]

3.2 哺乳母猪饲喂设备

采用智能化单栏饲喂管理系统，需要配置自动料线向系统投料器填装饲料，由智能化单栏系统自动完成每一头哺乳母猪的精确饲喂管理，根据哺乳母猪的胎次、哺乳天数、带仔数量，每天多次投放精确饲料量，提高日采食量。该系统已在温氏、大北农、天兆、丹育等多个猪场进行了大规模的投入使用，能较明显地提升哺乳母猪的采食量。见图 3-9、图 3-11。

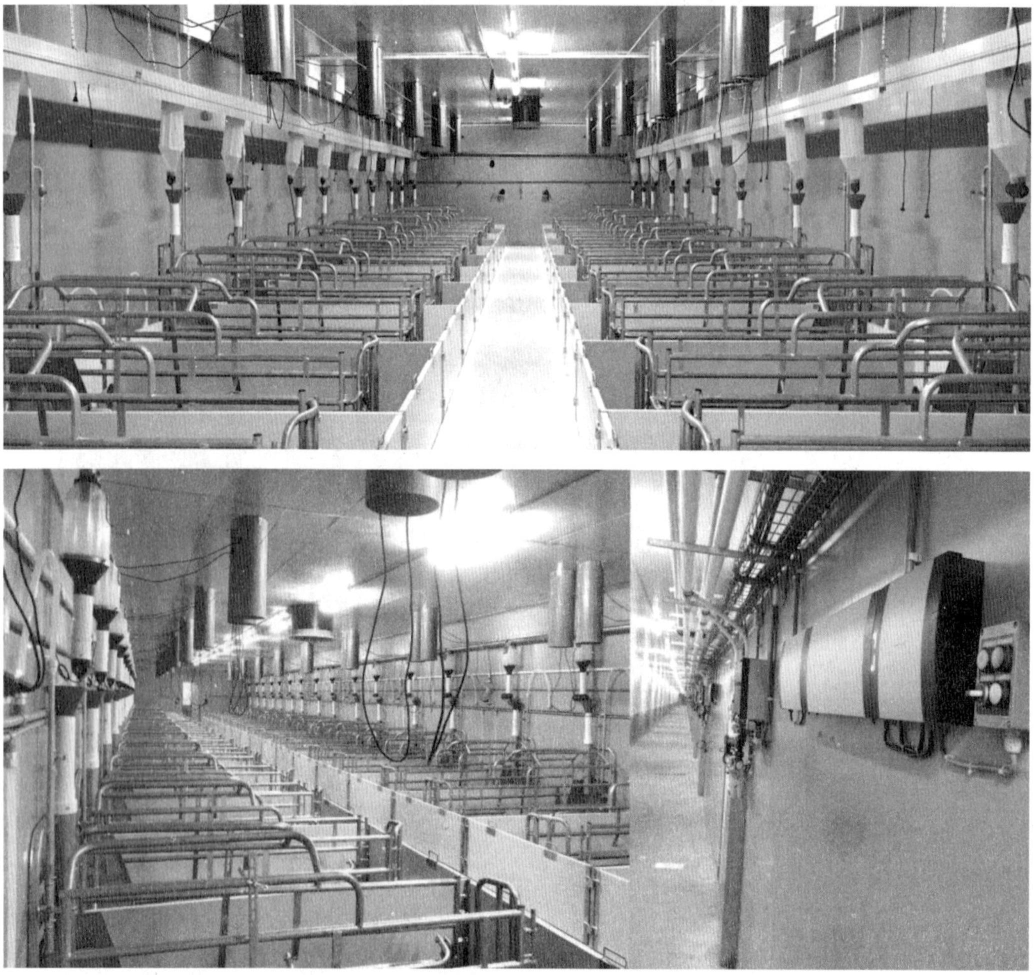

图 3-11　智能化母猪单栏饲喂管理系统[由睿保乐(上海)贸易公司提供]

[猪场日常应用案例]

首先，在主控制器上建立一个或多个“饲喂曲线”，指示出每个号码(1～8)代表每次投料的不同饲料量。

例如：如果想对哺乳母猪每天饲喂 8.5 kg 即 8 500 g，想要分 5 次饲喂，可以人工设定，或系统自动生成 5 个时间点的不同饲喂量的饲喂指令。系统可以做出一个“饲喂曲线”用于每日多次(1～99次)饲喂。每当启动一次投料,这些不同栏位、不同胎次的母猪会在不同的时间段获得不同量的饲料。在投料过程中,设置的饲料量可以在饲喂投料时根据母猪体况或者采食的情况随时更改,操作非常简单,对于一线饲养人员的学历文化背景需求较低,一般人员5 min就可以上手。

该系统的优点:对提高哺乳母猪的采食量和饲料转化为奶水的转化率的提升作用是显而易见的。缺点:找到适合的饲喂曲线对采食量和转化率的提升非常关键,也直接影响其使用效果,另外设备的投资成本较高。

3.3 保育猪饲喂设备

仔猪断奶期由于断奶应激,消化生理、免疫功能及肠道微生物区系等因素的变化,导致仔猪断奶后出现采食量下降、腹泻率升高、生长停滞等早期断奶综合征,对仔猪的生长性能和健康水平造成严重的影响。早期断奶的仔猪,如果从吃母乳突然转换到吃80%干物质的饲料,胃肠不能很好地适应,往往因消化不良而引起腹泻。有研究表明,哺乳仔猪断奶后每千克体重的耗水量,仅为断奶前的40%左右,而常规情况下断奶仔猪摄入的饲料营养量需要7 d左右的时间才能恢复到断奶前水平,故仔猪断奶后的很多问题是由采食引起的。使用湿喂料(常规的干饲料和水按照一定的比例混合的混合料)可以降低粉尘,降低呼吸道疾病。并且,通过对水和料的比例进行调整,能够进一步确保仔猪从母乳饲喂平稳过渡到饲料饲喂,从而显著减少仔猪的断奶应激,使仔猪多吃快长。

传统的手工拌湿饲料的方法费时费力,一般只能用于农户少量猪的饲养,并且配水的比例也不准确,不适用于大中型猪场。随着养猪业集约化、规模化程度不断提高,省时省力高效的智能化设备急需普及和推广。目前市场上的自动喂料器质量参差不齐,且不同程度存在一些问题,如下料不均匀,供料过多,容易残余和霉变,无法精确控制料水比例及喂料间隔和频率,同时还具有结构不够紧凑,占用空间较大等缺点。

实际生产中,如何精确模拟母猪的哺乳行为,在保育各阶段精确控制投料量、投料频率和料水比,是智能化设备需要解决的关键问题。比如,母猪每隔50 min左右哺乳1次,这种天然的日粮和频率最适合仔猪尚未成熟的消化系统。同时,母猪常乳的干物质浓度为19.6%左右,所以仔猪刚断奶时湿料的水和饲料比在5∶1左右时效果较好,而在整个保育阶段应逐渐过渡,直至进入育肥阶段后可完全饲喂干料。如果智能化饲喂器能够满足以上需求,将在实际生产中发挥极大作用。

猪场保育阶段的仔猪是猪场盈利的直接关键点,死亡率的降低,生长速度的提高,饲料转化效率的提高,60日龄能否达到25～28 kg等,对于猪场来说,都是饲养管理上的挑战。

大多数规模化猪场饲喂的保育猪都是干料饲喂,很多地方的散养户或者规模化猪场还是偏向于用水和饲料搅拌后饲喂断奶后的保育猪,这样可以减小仔猪断奶后由吃奶水过渡到吃干料的应激,使仔猪的生长速度明显提高,这是由仔猪断奶后进入保育阶段的本身特点决定的。

1. 断奶保育猪的特点

①哺乳仔猪已习惯竞争性采食(按照母猪的哺乳频率,一日多餐)。

②生理特点:微生物变化,因母乳中含有乳酸,哺乳仔猪胃内的pH较低,仔猪一经断奶,

胃内的乳酸菌逐渐减少，pH 明显升高，大肠杆菌等细菌含量逐渐增多，原本良好的微生物系统受到破坏，导致仔猪容易发生疾病。

消化道和消化腺发育不完善，消化酶分泌不足。断奶时由于日粮变化大，与之相作用的胃蛋白酶、胰蛋白酶分泌不足，淀粉酶活性较低，这些特点使仔猪不具备消化大量植物性饲料的能力。

干料饲喂使消化液不能充分搅和饲料，同时胃内一切消化酶的活性及作用均离不开水的参与，喂干料时水分减少，酶的活性降低，或酶的作用发挥不了，从而引起消化障碍。小肠内消化液的分泌及代谢吸收作用同样离不开水，缺水使小肠的代谢吸收能力弱，大量的食糜被推向大肠，导致营养吸收减少。

③饲料一定要新鲜可口（现拌、现喂的水料，易消化的饲料）。

④刚断奶的仔猪采食量小，营养要求高（胃的容积为 30～50 g，给予仔猪在 20～30 min 内能一次吃完又不会有剩余的饲料量，消化系统"由奶变料"需要 1 周过渡）。

2. 利用水料可提高断奶仔猪的采食量

通过提供水料，水的消耗量也会增加（Russell 等，1996）；水分消耗与饲料的摄入量呈正相关（Batber 等，1989）；当给断奶仔猪提供水料（水分∶饲料＝2∶1）以替代干饲料时，空肠的远端和回肠的形态学变化较小。断奶前和断奶后饲喂水料的仔猪，提高了小肠 25%绒毛高度（Blanchard 等，2000）。湿喂可提高水合速度，加速消化酶的渗透，提高饲料原料中酶的活性（Beel，1998），Barlber（1991）；曾有研究表明，同一饲料的营养价值因供水量的不同而变化颇大（表 3-1），湿喂对饲料的消化率有着明显影响。湿喂还可避免断奶后喂干饲料对肠壁形态学的破坏，湿喂可使因断奶应激而导致的小肠绒毛萎缩、隐窝变深降到最低，提高对养分的消化吸收率（Pluske，1995；Deprez，1987）。Chae 等（1997）研究发现粉料干喂与湿喂相比，日增重和饲料利用率均偏低。饲喂湿料的断奶仔猪腹泻率明显低于饲喂干料的（Silva，2002）。

表 3-1 不同水料比对饲料消化率的影响

水∶料	干物质消化率/%	消化能/(MJ/kg)	储留氮/[g/(kg·$W^{0.75}$·d)]
2∶1	72.12	15.16	1.49
2.67∶1	77.73	14.96	1.40
3.33∶1	80.3	15.41	1.63
4∶1	82.93	15.8	1.74

3. 对猪场的挑战

水料饲喂效果如此显著，为何没有完全普及于现在的猪场？主要的原因是水料饲喂环节过程中的管理强度，并不是每一个猪场能够达到的。仔猪每日的少食多餐，到底每次拌多少合适？而且如何保证每次采食的水料是新鲜的，量又刚刚合适，不存在剩余？这对于猪场饲养人员的劳动强度和管理水平的要求是相当高的，尤其是规模化程度越高的猪场。

● 解决方案——智能化水料饲喂

保育猪智能化饲喂器的诞生，将母猪的哺乳时间和现代科技结合，针对保育猪的生理特性，最终解决仔猪断奶阶段的饲养管理问题。表 3-2 为智能化水料饲喂方式与传统饲喂方式的对比。

表 3-2　智能化水料饲喂方式与传统饲喂方式的对比(由成都市泰丰畜牧新技术有限公司提供)

项目	传统干料饲喂	水料饲喂
应激性	干料,应激大	水料,应激小
料肉比	(1.6～1.9)∶1	1.6∶1
70 日龄(体重)/kg	23～25	26～30
断奶应激小肠绒毛修复弥补时间	1～2 周	基本没有
呼吸道疾病	粉尘大,咳嗽多	基本无粉尘,咳嗽少
浪费性	浪费大	基本无浪费
饲喂方式	自由采食	间歇性刺激投喂
总采食量	小	大
日增重	慢	快

● **在实际中的应用**

惠州某猪场 2014 年 7 月饲喂水料的试验数据见表 3-3,清远市某畜牧有限公司试验数据见表 3-4,汉南某畜牧有限公司试验数据见表 3-5。

表 3-3　惠州某猪场 2014 年 7 月饲喂水料的试验数据(由成都市泰丰畜牧新技术有限公司提供)

项目	试验组喂水料	对照组喂干料
初始日期	7 月 12 日	7 月 12 日
结束日期	7 月 28 日	7 月 28 日
数量/头	51	40
天数/d	15	15
初始总重/kg	351	256
初始均重/kg	6.88	6.4
死淘重	0	0
末总重/kg	538.5	376.5
末均重/kg	10.56	9.4
每头日均增重/g	245	200
总增重/kg	187.5	120.5
总耗料/kg	272.5	212.5
每头日均耗料/g	356	354
料肉比	1.45	1.76

总结:2014 年 7 月 12 日开始试验,饲喂干料:两栏,一栏 21 头,称重 138 kg;一栏 19 头,称重 118 kg;两栏共 40 头,总重 256 kg,平均每头 6.4 kg。7 月 28 日称重,饲喂干料:一栏 21 头,称重 211 kg;一栏 19 头,称重 165.5 kg;两栏共 40 头,总重 376.5 kg,平均每头 9.4 kg。40 头饲喂干料总增重 120.5 kg,平均每头增重 3 kg,平均每头每天增重 3 000 g/15 d=200 g;40 头小猪饲喂干料总耗料 212.5 kg,料肉比 212.5/120.5＝1.763。饲喂水料:21 头

145.5 kg,21 头 142.5 kg,9 头 63 kg,一栏共 51 头,总重 351 kg,平均每头 6.88 kg。7 月 28 日称重,饲喂水料,一栏 51 头小猪 538.5 kg,总增重 187.5 kg,平均每头每天增重 245 g,饲喂水料总耗干料 272.5 kg,料肉比 272.5/187.5=1.453。所以,在同种饲料、同种养殖环境下,饲喂水料,料肉比降低了 0.31,试验结束称重后,51 头仔猪饲喂水料总的增重是 187.5 kg,如果按照原饲喂干料方式要耗料 187.5×1.76=330 kg 的饲料才能达到,这里节省了 330−272.5 =57.5 kg 的饲料,即节省 57.5×5=287.5 元。

表 3-4 清远市某畜牧有限公司试验数据(由成都市泰丰畜牧新技术有限公司提供)

项目	干湿料	水料
开始时间	12 月 5 日	12 月 5 日
结束时间	12 月 15 日	12 月 15 日
试验头数/头	50	50
饲喂方式	自由采食	自由采食
初始重/kg	388.25	294.6
(始)平均重/kg	7.765	5.89
末重/kg	516.8	448.3
(末)平均重/kg	10.35	8.95
总增重/kg	128.55	153.7
均增重/kg	2.57	3.075
日均增重/kg	0.257	0.305
总耗料/kg	196.5	210
料肉比	1.53	1.37

结论:通过 10 d 的对比试验,初始重小的猪比初始重大的猪长势更好,体重相差 0.5 kg,料肉比相差 0.16,水料比干料饲养效果好,采食量增加 10%。

表 3-5 汉南某畜牧有限公司试验数据(由成都市泰丰畜牧新技术有限公司提供)

对象	转入日期	转入均重/kg	转出日期	转出均重/kg	净增重/kg	饲养天数/d	日增重/g
水料猪	9 月 1 日	6.61	10 月 8 日	19.86	13.25	37	358
其他猪	9 月 1 日	6.61	10 月 8 日	17.06	10.45	37	282
水料猪	10 月 12 日	6.91	11 月 16 日	17.67	10.76	35	307
其他猪	10 月 12 日	6.91	11 月 16 日	16.84	9.93	35	284
水料猪	2 月 6 日	8.33	3 月 11 日	19.84	11.51	33	349
其他猪	2 月 6 日	8.33	3 月 11 日	17.76	9.43	33	286

总结:因统计人员辞退,转群数据只得到 3 批,但是从这 3 批数据可以看出水料猪是有优势的。但是在使用过程中,水料设备存在以下问题:水料设备必须放于每个栏的中心区域,饲养员不好加料,需翻入栏内,特别是猪只在保育后期采食量很大时(保育饲养员都是女饲养

员)，建议安装自动输料系统更方便。

水料饲喂给猪场带来的效益分析：

a. 每台水料设备管理 60 头刚断奶的仔猪到 30 kg 的保育仔猪；

b. 试验证实：使用水料饲喂每头仔猪比传统方法饲喂平均增加体重 3～5 kg/头；若每千克体重为 20 元即增加 60～90 元收益；扣除饲料成本(料肉比 1.6 计算)即(3～5 kg)×1.6×8 元/kg=(4.8～8) kg×8 元/kg =38.4～64 元；每头盈利(60～90)元－(38.4～64)元=(21.6～26)元。

经济效益：每年每头(21.6～26)元×420 头=(9 072～10 920)元。(注：每年每台水料设备可饲养 420 头)因每台设备可使用 6 年，每台设备费用为 3 000 元，所以(9 072～10 920)元×6－3 000 元=51 432～62 520 元。

间接效益：

a. 水料设备智能化自动化，减少员工，节约开支；

b. 粉尘减少，呼吸道疾病发生率降低，节约药费；

c. 早期的采食量决定了日增重，奠定了后期生长速度，育肥猪可以提前出栏。

3.4　生长育肥猪饲喂设备

3.4.1　生长育肥猪的特点

随着养殖业的迅速发展，原来人工喂料的动物饲养方式已不能满足养殖的需要，因此出现了自动化下料设备。目前市场上常见的自动化下料设备可以进行自动化定量下料或分次下料，实现了对动物的自动喂料，无须人看守和经常添料，但是这种方式往往需要改变动物本身的采食行为习惯，容易使动物产生应激，不利于动物的福利养殖，也容易造成饲料的浪费和不新鲜，而且还是无法离开人工的参与。

这种饲喂方式不能很好控制饲料的营养成分，饲料的营养成分有时候不能够被完全吸收，有时候又会产生营养过剩，从而也会很大程度上导致饲料的浪费以及对猪群成长的限制。

育肥猪骨骼的生长在体重 20～30 kg 时是高峰，一直到体重近 100 kg 时才结束生长。肌肉从出生起便开始沉积，沉积高峰是体重 60～70 kg 时，一直到体重近 150 kg 结束沉积。脂肪一开始的沉积速度较慢，到体重 90～100 kg 时才达到高峰，延续到体重 150 kg 以后才结束生长(图 3-12)。我国群众中流传着“小猪长骨，中猪长肉，大猪长油”的说法，基本上概括了猪体各组织的生长规律。这就是为什么育肥猪要做到分阶段按照体重饲养，所以猪场育肥猪的饲养目前都是根据不同体重阶段，选择相应蛋白比例的饲料，但在换料的过程中也产生了新的问题。

如图 3-13 所示：纵轴为育肥猪在生长过程中不同日龄需要饲料中蛋白质的水平，横轴是育肥猪生长日龄。从 42 到 105 日龄乃至出栏，育肥猪需要饲料中蛋白质水平是随着日龄的增长而逐渐下降的，但是实际生产中换料呈现出阶梯，阶梯低于虚线的三角区域，蛋白质水平不足；而阶梯高于虚线的三角区域蛋白质水平过多。蛋白质水平不足即饲料没有被合理使用，料

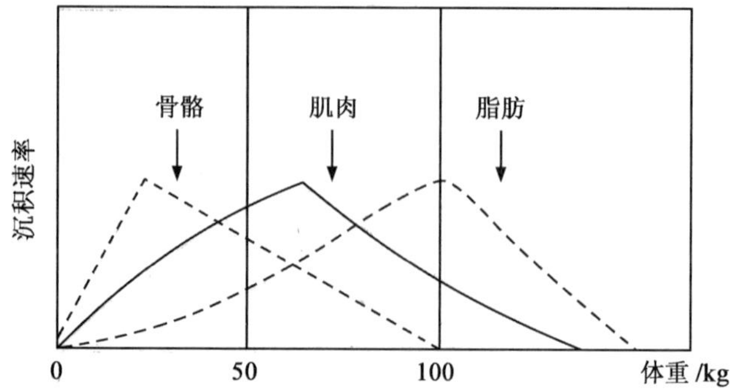

图 3-12　育肥猪的生长特点

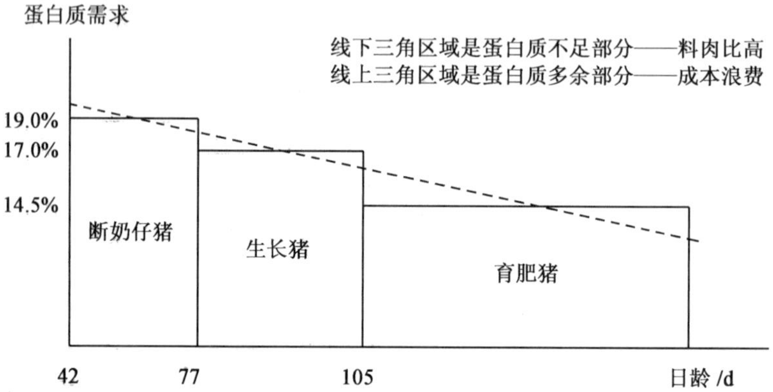

图 3-13　生长育肥猪日龄与蛋白质需求的关系

肉比高;过多则饲养成本上存在浪费,无形当中增加了饲养成本。

3.4.2　智能化育肥猪管理系统

对于育肥猪的饲养管理要解决如下主要问题:提高整体的饲料转化效率,提高单位面积的有效饲养量,对育肥过程进行监测提供可靠的出栏数据。

提高整体的饲料转化率,并不应该拘泥于传统上的通过对增重较慢的猪喂食生长料(仔猪料)来拉近与增重速度正常的猪的体重差距,以保证能同时出栏。如果我们仔细观察一个大栏的育肥猪的生长状况,我们会发现几乎每个大栏里均有10%～15%的猪生长速度远慢于平均水平,同时有10%左右的猪的生长速度远快于平均水平。这10%的生长更慢或者更快的猪并不是因为饲料的配方不同而造成的,而是由其遗传特征决定的。为了让生长慢的猪能赶上平均增重速度而额外添加饲料或者提高营养成本,对商业化生产而言是额外的增加成本,是一种不经济的方法,能得到的好处无非是能尽量保证同时间出栏。现在国际上比较先进的方法是把这些增重速度最慢的10%的猪挑出来,或者转群,或者直接出售以淘汰这部分的"落后产能"来提高饲料转化率。但在实际操作过程中,在一大群猪中光靠观察体型来挑出个别猪是非常有挑战性的,而且费时费力。智能化育肥管理系统就是为了解决这一矛盾而发展出来的。

智能化育肥管理系统(图 3-14),每台能饲喂最多达 700 头猪,每头猪的平均占地面积为 0.7 m^2。它通过对猪每次进站采食时进行称重,能准确地将增长速度慢的和快的猪,以及达到出栏体重的猪分到不同的区域,不仅提供了饲料转化率,大大地减轻了挑猪的工作量,同时对猪场的出栏情况和出栏预测做到"心中有数",提高了猪场的管理水平。

图 3-14　智能化育肥猪管理系统[由睿保乐(上海)贸易公司提供]

智能化育肥猪饲喂管理系统的优势:节省饲喂成本;节约平均饲养面积;自动精确分栏挑猪,节约人力成本;饲养时间更短,出栏体重更高,出栏计划更精准;提供猪只日常活动、体重、生长及分栏结果的数据,便于大数据分析。

第4章
饲料加工设备

本章内容提要

饲料加工设备是饲料品质的重要保证，根据饲料加工工艺将饲料加工设备分为原料贮存及处理设备、预混料生产设备、猪全价颗粒饲料生产设备和运输及饲料输送设备。本章主要对各种饲料加工设备的组成、工作原理和优缺点等进行详细梳理，并直观介绍部分机械附图。具体设备包括：用于原料存储的原料仓、料位器和配料计量装置；筛选法和磁选法的原料清理设备；颗粒饲料加工的环模制粒机；预混料生产的配料计量装置、供料装置、粉碎装置和混合装置；以及运输及饲料输送设备。

4.1 原料贮存及处理设备

由于饲料原料种类繁多，并且各品种所占的比例差异较大，所以原料的贮存对于猪场来说是一个十分重要的问题，它直接影响到生产的正常进行及其经济效益。原料贮存仓通常采用立筒仓、房式仓等形式。立筒仓主要用于存放粒状原料；房式仓主要用于存放各种包装原料；微量矿物质原料及某些添加剂，则要求存于小型储藏室中，因其价格贵、存放环境要求高，要原装存放，专人保管；对于液态饲料一般采用液罐存放。为使用方便和耗用结算，对每种液体会设立中间贮存罐。在饲料工厂中广泛地使用各种料仓，除了接收存放物料，还有卸出、倒仓、缓冲过渡等作用，起着平衡生产过程，保证生产连续进行，节省人力，提高机械化程度的作用。

4.1.1 原料储存

原料储存要达到以下基本要求。首先是防湿性能，包括：①屋顶防潮，为达到屋顶不漏，宜在瓦下铺一层牛毛毡或其他防潮物，以防湿气从屋顶进入。②地面防湿，料库应修在排水良好、地下水位低的地方，以防止地下水向上渗透。地面以三沥（沥青）、两毡（牛毛毡）铺设较好。③墙壁防湿，要求内壁窗以下涂沥青层。为防粘料，可在沥青层上刷一层石灰水。外墙壁也应从墙底向上 60 cm 处刷一层沥青。其次是防热性能，包括：①减少太阳对料库的直射面，要求料库方向坐北朝南。建筑要求东西窄，南北宽，以减少太阳直射影响。②库顶防热，要求加厚库顶，库内设天花板，天花板上再铺放一层 30 cm 厚拌有农药的谷壳或麦壳。③墙壁防热，墙壁热主要来自太阳照射热和辐射热。故除要求西墙壁用石灰刷白加厚外，植树、加盖工具房或值班房也是一项有效措施。再次是密闭性能，要求料库门窗密闭性能良好。尤其是库门板不宜过薄，否则外层热量容易导入，使库温提高。最后是防雀、鼠性能，料库应无孔洞，窗上应安装孔径小于 3 cm 的铁网，门下应设两面光滑、高度 60 cm 的防鼠板。

仓型和仓容量是饲料储存库的基本特征，在选择与设计时主要考虑以下几个方面。一是根据贮存物料的特性及地区特点选择仓型，做到经济合理；二是根据产量、原料及成品的品种、数量计算仓容量和仓的个数；三是合理配置料仓位置，以便于管理，防止混杂、污染等。

用于原料及成品的储存库主要有房式仓和立筒库（也称为筒仓）。房式仓造价低，容易建造，适合于粉料、油料饼（粕）及包装的成品。小品种价格昂贵的添加剂原料还需用特定的小型房式仓，由专人管理。房式仓的缺点是装卸工作机械化程度低、劳动强度大，操作管理较困难。立筒库的优点是个体仓容量大、占地面积小，便于进出仓机械化，操作管理方便，劳动强度小。但造价高，施工技术要求高，适合于存放谷物等粒状原料。饲料厂的原料和成品的品种繁多、特性各异，所以一般都选择筒仓和房式仓相结合的储存方式，效果较好。

1. 仓容量的确定

饲料厂各种料仓的容量应根据保证工人正常连续生产的要求来确定，仓容过小不能满足连续生产的需要，造成生产中断甚至生产节奏的混乱；仓容过大，则会增大基建投资，库存过大也造成产品和资金积压。

主要用于存放主原料及副料原料的仓容量决定于工厂的规模、交通运输条件、原料供应地的远近、各种组分的有效性等情况。计算时应根据平均配方分别计算出储存的各组分物料，并考虑到某些原料的分品种保管及容重的差别等。在仓房及筒仓数量的计算上，至少增加 10% 的余量，以保证有足够的仓容作为生产周转之用。在交通不便的地方需加大仓容量。

①原料仓容量的确定。仓容量（单位：m^3）可按下式计算：

$$V=\frac{Q\eta T}{vK}$$

式中：Q—饲料厂的生产能力，t/d；

η—贮存原料占配方中的最大比例，%；

v—贮存原料的容重，t/m^3；

K—立筒库的有效仓容量，一般 K 取 0.85；

T—贮存天数，一般对于主要原料取 30～60 d 生产用量，对于副料考虑 30 d 用量，成品取 7～10 d。

②粉碎机待粉碎仓容量的确定。年班产 5 000 t 饲料厂的待粉碎仓容量应为粉碎机 1～2 h 的产量，年班产 10 000 t 以上饲料厂的待粉碎仓容量应为粉碎机 3～4 h 的产量，每台粉碎

机最好有两个同样仓容的待粉碎仓。

③配料仓总仓容量的确定。大中型饲料厂的配料仓总仓容量可按工作 6～8 h 的贮存量计，小型饲料厂可按工作 4 h 的贮存量计。配料仓的个数依配料品而定，并加一些备用仓，一般小厂是 8～10 个配料仓；每小时产量在 5～10 t 的厂，一般设 10～12 个仓；大型厂一般为 12～16 个仓；对个别特大型厂也可设 20～24 个配料厂。

④载体仓仓容量的确定。原料的载体仓仓容量根据预混合生产线的生产量而定。

⑤混合机出料缓冲仓仓容量的确定。混合机出料缓冲仓仓容量一般与混合机的容积相等。

⑥压粒机待制粒仓仓容量的确定。压粒机待制粒仓仓容量按压粒机 1～2 h 的产量计，为使更换颗粒饲料配方时压粒机不中断工作，可用两个相同仓容的待制粒仓。

⑦成品打包仓仓容量的确定。成品打包仓仓容量按打包机 1 h 的生产量计。

⑧散装成品仓仓容量的确定。应保证同时向 4 个车厢(散装运输车或汽车)发放饲料成品，其总仓容为 1～3 d 的储量。

⑨房式仓建筑面积的计算。计算房式仓(图 4-1)的占地面积前，首先要根据生产能力、贮存天数、配方中所占比例确定不同原料及成品的有效仓容量(单位：t)，再分别计算各单项原料的占地面积，最后求和，确定总的占地面积。各单项原料的占地面积(单位：m^2)计算如下：

$$A=1\,000\,QS/nm\mu$$

式中：A—某原料的占地面积，m^2；

Q—需要仓容，t，对于成品可按 7 d 的贮量计算；

S—1 个单包所占面积，m^2，面粉袋为 0.26 m^2，麻袋为 0.42 m^2，编织袋为 0.35 m^2；

n—堆包数；

m—每包物料重，kg，对于饲料成品一般为 40 kg；

μ—仓库面积的利用系数，一般取 0.6～0.65。

图 4-1　房式仓

2. 立筒库

立筒库具有对散粒体物料进行接收、贮存、卸出、倒仓并指示料位等功能，它起着平衡生产过程、保证连续生产、节省人力、提高机械化自动化程度，以及防止物料病虫害和变质等作用。立筒库常用钢板和钢筋混凝土制作，多为圆筒形。由于钢筋混凝土仓有相对造价高、自重大、建筑周期长的不足，但又有使用寿命长的特点，主要用于大型的储备库，而作为生产企业的周转仓使用较多的是钢板仓(图 4-2)。钢板仓有利用螺栓联结的波纹钢板仓和由卷板卷制的卷板仓。

图 4-2　钢板仓

(1)波纹钢板仓　波纹钢板仓也称拼装仓，是近年来迅速发展的薄壁钢板仓，其壁厚 1.2～4 mm，仓壁的厚度随高度下降而变厚。虽然壁薄，外界温度容易传入，但粮食是不良导热体，故仅在离壁 30 cm 以内的粮温有变化。一般下午 3 时温度最高，下午 7 时温度基本恢复正常。如长期贮藏，要定期倒仓和通风。波纹钢板仓以带有一定曲率的波纹钢板为材料由螺栓拼装而成。波高一般为 12 mm，波宽 65 mm，板厚 1.2～4.0 mm。仓筒直径和高度已有系列化搭配：锥底仓直径为 4.27～9.77 m，高度为 4.8～24.4 m；平底仓直径为 4.27～18.3 m，高度为 4.95～25.6 m。

(2)卷板仓　螺旋钢板仓是由专用的螺旋卷仓加工机组将长条钢板卷制而成的。卷制时，将 495 mm 宽的镀锌卷板送入成形机，由成形机轧制成所需的几何形状；再经过弯折机弯折、咬口，围绕筒仓外侧，形成一条 30～40 mm 宽的连续环绕的螺旋凸条，凸条在结构上起到了加强筒仓强度的作用。卷板仓还可对两种不同的材料实现双层弯折、咬口。卷板仓与拼装仓相比最大的特点是密封性能好，可做成流体的储存仓。

(3)筒仓　筒仓的出料有平底出料和锥底出料两种形式。出料形式主要决定于筒仓的直径，一般直径大于 10 m 的筒仓都为平底仓。平底出料仓的基础建设费用相对较少，但需配置出仓机械，另外平底仓卸料不彻底，残留较多，需人工清理。锥底仓的基础建筑费用高，施工周期长，但不需扫仓机，卸料较干净。

3. 料位器

用来显示料仓内物料位置(满仓、空仓或某一高度的料位)的一种监控装置称为料位指示器，简称料位器。通常在料仓上安装有满仓(上)和空仓(下)两个料位器，当物料将料仓装满时，上料位器即发出相应信号或警报，需要操作人员(或自动)及时关闭进料机或调换仓号；当料仓卸空时，下料位器即发出空仓信号或警报，操作人员应迅速采取措施(或自动)加料或关闭后续设备，保证连续正常工作。若将上、下料位器与进(卸)料机采用机电一体化控制，便可实现空仓时自动控制进料机自动进料，仓满时则自动停止进料。否则易造成料仓的空仓与溢仓，影响生产的正常进行。饲料原料多为散粒体、非导电体，可采用的料位器种类较多。从测量形式上有连续式和定点式，从原理可分为机械式和电测式两大类。我国饲料行业当前使用的料位器有叶轮(片)式、薄膜式、阻旋式、电容感应式、音叉式及电阻式等。

(1)叶轮(片)式料位器　叶轮式料位器结构极简单，是在微型电机的轴上安装一个叶轮，将它安装在料仓壁上。电机接通电源，叶轮不停地旋转，当仓内物料达到将叶轮埋住并阻碍叶轮转动时，电机停转，并发出信号；当物料卸出，电机又恢复旋转，并发出要求供料信号。

(2)薄膜式料位器　薄膜式料位器由薄膜、杠杆、微动开关组成。薄膜由橡胶、塑料或其他弹性材料做成，将其安装在料仓壁的开孔处，使它成为仓壁的一部分。当物料充满挤压薄膜时，薄膜变形，并通过重锤杠杆机构触动微动开关，使料位信号通过微动开关触点发出。当物料卸出不再挤压薄膜时，薄膜靠弹性变形恢复原状，微动开关信号也相应撤除。这种料位器的特点是价格便宜，初期使用时性能可靠。但使用一段时间后薄膜材料老化，易造成错误信号。

(3)阻旋式料位器　阻旋式料位器由同步电机、减速机构和叶片探头组成。叶片探头安装在仓内(动力装置在仓壁外)，当物料装到叶片位置时，旋转叶片受到物料阻挡，使过负载检测部分绕主轴做微量转动，从而触动微动开关，其中一个微动开关断电，使电机停止工作，另一微动开关则发出信号并可同时报警；当物料卸出后，旋转叶片失去阻挡，过负载检测部分复位，电路接通，叶片又恢复旋转。该料位器适用于上下料位及任何中间料位的测控。国内有许多厂家生产该料位器，其具有抗振、耐高温、灵敏度高、适合各种恶劣环境工作等优点。这种料位器的缺点是叶片伸入料仓，影响物料流动，易造成其安装处结拱，运动部件易被粉尘黏结不能转动，容易发生故障并烧毁电机。

(4)电容感应式料位器　电容感应式料位器是借助于电容式接近开关的工作原理，由高频振荡器和放大器组成。它由料位器端面与大地构成一个电容器，参与振荡回路工作。当物料接近料位器端面时，回路的电容量发生变化，使高频振荡减弱乃至停振。振荡器的振荡与停振的信号经过整形，由放大器转换成开关信号，从而发出停料和进料的信号。这种料位器具有电压范围宽，抗干扰能力强，使用寿命长，安装调试方便的特点。

为了避免料位器端面黏结物料而影响料位器输出信号的准确性，可在仓壁上安装一块遮盖的有机玻璃，使物料与料位器面不直接接触，以提高料位器的可靠性。这种料位器是近几年新开发的一种集成电路产品，具有电压范围宽，抗干扰能力强，使用寿命长，安装调试方便，价格便宜等优点，因此在饲料行业中得到越来越广泛的应用，大有取代其他形式料位器的趋势。

4.1.2　原料的清洗

在饲料原料中，动物性蛋白质饲料(鱼粉、肉骨粉等)、矿物性饲料(石粉、贝壳粉等)及微量元素和药物等添加剂的杂质清理均在原料生产中完成，一般不需要在饲料厂清理。液体原料(如糖蜜、油脂)常在卸料或加料的管路中设置过滤器进行清理。饲料原料中需清理的主要是谷物饲料及其加工副产品等，主要清除其中的石块、泥土、麻袋片、绳头、金属等杂物。不清除这些杂物，会造成管道堵塞，甚至损坏设备，且会降低饲料的质量，影响饲养效果。有些副料可能在加工、搬运、装载过程中混入杂物，必要时也需清理。少量杂质的存在对饲料成品的质量影响大。由于成品饲料对含杂的限量较宽，所以饲料原料清理除杂不单是为了保证成品的含杂不要过量，而且是为了保证加工设备的安全生产，减少设备损耗以及改善加工时的环境卫生。

原料清理的主要措施根据饲料和杂物性质的不同分为筛选法和磁选法，筛选法所用初清筛有栅筛、冲孔筛、圆筒初清筛、圆锥粉料清理筛、回转振动分级筛。磁选法常用的磁选设备有简易磁选器、永磁筒和永磁滚筒。

1. 利用饲料原料与杂质尺寸的差异，用筛选法分离

筛选是根据物料与杂质的尺寸或粒度大小不同而利用筛面进行筛理，小于筛孔的物料穿过筛孔为清洁物料(筛下物)，大于筛孔的杂质不能通过筛孔而被清理出来(筛上物)，或者相反清筛，用于筛除大于及小于饲料尺寸的泥沙、秸秆等大杂质和小杂质。

采用筛理机械可清除饲料中的杂质，也可进行饲料的分级筛理。筛理是根据物料粒子的宽厚等方面的差别，达到去除杂质的目的，或区分不同大小、不同形状的饲料，以进行分级处理。

从物料过筛状况的分析中可得出筛理的必要条件是颗粒在筛面上要有相对滑动，应过筛的颗粒要有机会接触到筛孔；如按宽度分离则必须使欲过筛的颗粒直立起来进入筛孔；如按厚度分离，则必须使欲过筛的颗粒顺延筛孔长度，侧过身来进入筛孔。将以上筛理必要条件归结为筛理要素：a. 物料和筛面有相对运动；b. 需过筛物和筛面接触；c. 有合适的孔形和尺寸。

采用圆孔筛或方孔筛，可按颗粒宽度不同进行分离。饲料颗粒或杂质的宽度小于筛孔直径，在筛面上滑动时，宽度小的物料到达孔中时颗粒树立，顶端向孔下而穿过筛孔，成为筛下物，宽度大于筛孔直径的物料成为筛上物。选用长孔筛，可按颗粒厚度不同进行分离。厚度小于筛孔厚度的粒料或杂质，在筛面上滑动时，倾斜翻转而穿过筛孔，成为筛下物；厚度大于筛孔厚度者不能穿过筛孔，成为筛上物。对于一些特别长的绳头、秸草等柔性杂质在筛理时会挂在筛孔上，一般要由人工及时除去。

(1)栅筛　设在投(下)料口处的栅筛(图 4-3)是清理原料的第一道防线，其主要作用是初步清理原料中的大杂物，保护后序设备和工人安全。由圆钢、角钢等制成的栅条，以一定的间距平行地排列而成。栅筛的间隙根据物料几何尺寸而定。玉米等谷物原料应为 30 mm 左右，油饼(粕)应为 40 mm 左右。同时应保证栅筛有一定强度，通常用厚 3 mm、宽 2 cm 的扁钢或 10 mm 的圆钢焊成。应将其固定在投(下)料口上，并保证有 8°～10°的倾角，以便于袋中物料倾出，降低工人的劳动强度。汽车卸料的栅筛由厚 4 mm、宽 5 cm 钢板制作。

图 4-3　栅筛

编制筛面由金属丝或化学合成丝等编织而成，筛孔形状有长方形、方形两种。其造价较低、制造方便、开孔率大，但易损坏。

筛面的筛理能力由其有效筛理面积及开孔率决定，开孔率越大，筛理效率越高。筛孔合理的排列形式有利于提高开孔率，增大筛孔总面积。

(2)冲孔筛　冲孔筛又称筛板，通常是在薄钢板(黑铁皮)或镀锌铁板(白铁皮)上用冲模冲出筛孔制成。筛孔有圆形、圆长形和三角形等形状，具有坚固耐磨、不易变形等优点。筛面的厚度一般取决于筛孔的大小，筛孔小的筛面厚度较薄，筛孔大的或受磨损剧烈的筛面应适当加厚，以使筛面有足够的强度。过厚的筛面，筛理时筛孔易堵塞，过薄则强度不够，一般筛面的厚度为 0.5～1.5 mm。

(3)圆筒初清筛　圆筒初清筛主要用于粒状原料的除杂，由冲孔圆形(或方形)筛筒、清理刷、进料口及吸风部分组成。工作时原料由进料口经进料管进入筛筒内部，筛筒旋转时，穿过筛孔的筛下物从出口流出；不能通过筛筒的大杂质在圆筒筛内部的导向螺带作用下，被引至位于进口通道下方的大杂口排出。导向螺带不仅有助于排出大杂废弃物，并且起到阻止物料同筛上物流出的作用。

冲孔圆筛是主要工作部件，由主轴呈悬臂状支撑。整筛筒分前后两段，靠近轴端的半段多用 20 mm×20 mm 方形孔，可使粒料较快地过筛，而靠近出杂口的段常用 13 mm×13 mm 的较小方形筛孔，以防止较大杂质穿过这段筛孔而混入谷物中去。

国内目前使用较为普遍的是 TCQY(或 SCY 代号)系列圆筒初清筛，主要用于清除大的杂质，如稻草、麦秆、麻绳、纸片、土块、玉米叶、玉米棒等杂物，以改善车间环境，保护机械设备，减少故障或损坏。该系列根据圆筒直径不同有 50、63、80、100 和 125 等几种型号，生产能力分别为 10～20、20～40、40～60、60～80 和 100～120 t/h。根据物料的性质选配适宜筛孔的筛筒，即可达到产量要求和分离效果。圆筒初清筛具有产量高、动力消耗少、结构简单、占地面积小、易于安装维修、调换筛筒方便等特点。

(4)圆锥粉料清理筛　圆锥粉料清理筛(图 4-4)主要用于饲料厂粉状原料(如米糠、麸皮、鱼粉等原料)的清理，可有效地分离混杂于粉状副料中的秸秆、石块、纸片、结团物等大杂质，以使物料能顺利地通过其他设备，有效地保证后段加工设备及输送设备的正常工作。该筛还可用于混合后的物料的筛理，打碎和清除团状物料，以保证配合饲料的质量。国内生产的圆锥粉料筛为 SCQZ 系列，其打板倾角一般为 5°～8°，机型大的取大值，小的取小值。转子以转速 300～400 r/min 运转，机型大时转速小。

圆锥粉料筛由筛体、转子、筛筒和传动等部件构成。筛体包括进料斗、筛箱、操作门、出料口和端盖等组成。其中转子是主要工作部件，它是由打板、刷子、托架、主轴及喂料螺旋等组成。主轴上装有托架，托架的顶端有打板和清理刷，打板与主轴以一定倾斜角安装。打板和刷子与筛筒内表面的间隙可通过调节螺栓予以调节。主轴顶端安装有喂料螺旋，将来料强制推入筛内。筛筒由两片曲成半圆的冲孔筛板组成，由压条和螺栓连接成圆锥体筛筒并固定在箱体内的固定圈上。

圆锥清理筛是连续工作的，当喂料螺旋将需清理的粉料强制推入筛筒后，粉料受到螺旋打板的冲击作用使粉料中的结团物料被打碎，同时，粉料在打板的推动下与打板一起绕筛筒内表面做圆周运动。在打板的压动和物料离心力的作用下，小于筛孔尺寸的粉料迅速穿过筛孔，从出料口排出，杂质则成为筛上物在倾斜打板的作用下向大杂出料口方向移动，最后由排杂口排出。

图 4-4　圆锥粉料清理筛

圆锥形粉料筛运转平稳，占地面积小，能有效地将粉料中含有的石块、纸片、秸秆等清理出去，但原料中含有的绳头、叶片等长形柔性杂质易缠绕于进料螺旋中心轴上，工作中应及时去除。

(5)回转振动分级筛　回转振动分级筛用于饲料原料的清理，也可用于粉状物料或颗粒饲料的筛选和分级。物料从进料口集中进入筛体，在进口筛体圆周运动的作用下，使物料迅速分布在整个筛面上，并产生自动分级。物料在进料端运动轨迹为横向椭圆(椭圆长轴沿筛宽方向)，随着物料的运动，其运动轨迹逐渐由横向椭圆变为圆、纵向椭圆，最后在出料口物料做近似往复直线运动。物料在运动过程中产生自动分级，使料层下面粒度较小的物料迅速过筛，而上面粒度较大的物料则向出料端运动。随物料向出料口移动，筛体由圆周运动向往复直线运动转化，从而使大于筛孔尺寸的颗粒迅速向出料口方向移动，直到排出机外，完成物料的整个筛分。回转振动分级筛具有振动小、噪声小、筛分效率高、产量大等优点。

2. 利用导磁性的不同，用磁选法清选

利用磁场的吸力分离磁性杂质的方法，称为磁选。在饲料原料中及其在加工过程中，往往会混入磁性金属杂质，如铁、钴、镍等金属碎块以及磁铁矿矿砂等。这类杂质若预先不清除，不但会加速设备工作部件的磨损，损坏机器，甚至可能造成人身伤害事故；更有甚者，当金属杂物进入锤片式粉碎机、辊式粉碎机和风机等设备中时，很可能产生火星而引起粉尘爆炸事故。饲料原料和成品中的金属杂质超过允许含量，将影响畜、禽、鱼的正常生长，也是饲养标准所不允许的。因此，必须清除饲料原料及其加工过程中混入的金属杂质。

磁选是利用饲料原料与磁性金属杂质在磁化率上的差异，来清除磁性金属杂质。因磁性金属具有极易被磁化的性质，而饲料原料为非导磁物质。混入饲料中的磁性金属杂质被磁化后，与磁场的异性磁极相互吸引而与饲料原料分离。对磁选设备的要求是，饲料中的磁性金属杂质去除率须大于98%以上。

磁选设备的主要工作元件是磁体(磁铁)。根据产生磁场的方法不同，磁铁有永久磁体和电磁体(电磁铁)之分。电磁铁能产生很强的磁力，可用于分离磁性杂质。但它需要激磁电源，结构复杂，价格较贵。而用新型材料（钨锶铁氧体）做成的永久磁铁，不需电力，不易退磁，不需要激磁电力，使用方便，价格合理，维修费用低，其性能完全能满足饲料厂除去磁性金属杂质的要求。根据磁选设备结构的不同，饲料厂常用的磁选设备有简易磁选器、永磁筒磁选器、溜管磁选器和永磁滚筒磁选器。

（1）简易磁选器　简易磁选器一般有篦式磁选器和溜管磁选器。篦式磁选器常安装在粉碎机、制粒机喂料器和料斗的进料口处，磁铁强，呈栅状排列，磁场相互叠加度高。磁铁栅上放置导流棚，起导流和保护磁铁的作用。当物料通过磁铁时，物料中的磁性金属杂质被吸住，需定期人工清除。

缺点：磁铁栅的磁场作用范围有限，栅棒中心磁力弱，磁性金属杂质可能未被吸住而通过；此外，磁铁栅经常处于摩擦状态，退磁较快，吸附的铁杂物对物料流也有阻碍作用。

溜管磁选器（图 4-5）是将磁体或永磁盒安装在一段溜管上，物料通过溜管时铁杂质被磁体吸住。为了便于人工清理吸住的铁杂质，要安装便于开启的窗口并防止漏风。磁体安装时要求溜管有一定倾斜角和物料层厚度，最小倾斜角对谷物为 25°～30°，粉料为 55°～60°；物料层厚度对谷物为 10～12 mm，粉料为 5～7 mm；物料通过速度为 0.10～0.12 m/s。

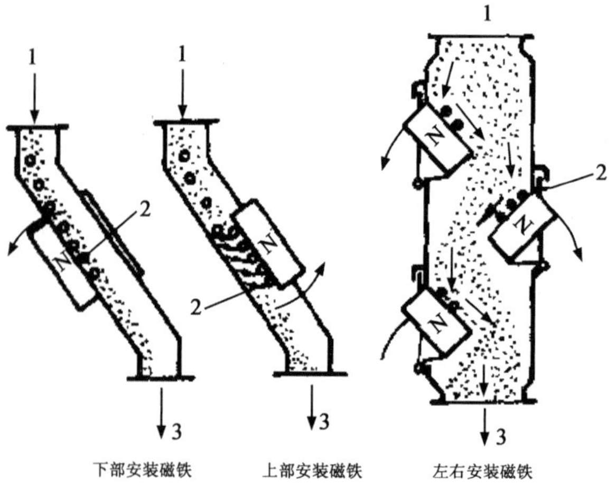

图 4-5　溜管磁选器

1.物料入口　2.被吸住铁质杂物　3.清理物料出口

（2）永磁筒磁选器　永磁筒磁选器由内筒和外筒两部分组成，外筒通过上、下法兰连接在饲料输送管道上，内筒即磁体，它由若干块永磁铁和导磁铁板组成，即用铜螺钉固定在导磁板上。磁体外部有一表面光滑而耐磨的不锈钢外罩，并用钢带固定在外筒门上，清理磁体吸附的铁质时可打开外筒门，使磁铁转到筒外。永磁筒的磁芯一般由新近研制的稀土永磁材料制成，磁感应强度可达 200～380 mT，寿命可达 6～8 年。由于其具有结构简单，不占场地，安装灵活、除铁效率高（99%以上）、无需动力等优点，所以被饲料厂、粮油加工厂普遍采用。国产 TCXT 系列永磁筒有 15、20、25、30 和 40 等几种型号，产量分别为 10～15、20～30、35～50、55～75 和 80～100 t/h。

（3）永磁滚筒磁选器　永磁滚筒（图 4-6）的结构由进料口、压力门、滚筒、磁铁、机壳、出料口、铁杂出口和传动部分组成。工作时，物料从进料口进入，经压力门均匀地流经滚筒，铁杂被磁芯所对的滚筒外表面吸住，并随外筒转动而被带到无磁区，由于该区磁力消失，铁杂自动落下，从铁杂出口排出，清理的物料则从出料口排出。永磁滚筒具有结构合理、体积小，除铁率高，不需人工清除铁杂等优点，但价格较贵，与永磁筒相比，应用较少。

图 4-6　永磁滚筒

台秤多用于包装原料进厂的称重，自动秤则适合于散装原料的称重。地中衡用于以公路运输为主的饲料厂的自动车辆接收原料和发放产品的称量，应布置在地势高处，以防地面雨水流入地下室，其位置应距汽车转弯处 10～20 m，以保证汽车出入方便。

4.2　全价配合饲料生产设备

营养成分完全，能直接用于饲喂饲养对象，能够全面满足饲喂动物各种营养需要的配合饲料，叫作全价配合饲料（简称全价料）。全价料是由蛋白质饲料、能量饲料、粗饲料和添加剂四部分组成的配合料，此种饲料可以全面满足饲喂对象的营养需要，用户不必另外添加任何营养性饲用物质而直接饲喂动物。市场上销售的全价料主要是经过机器加工制粒的颗粒状饲料，部分为膨化颗粒料。

颗粒饲料是“通过机械作用将单一原料或多种成分混合料压密，并挤出模孔所形成的圆柱或团块状饲料”。饲料的制粒成形就是将细碎的饲料利用热能、水分和压力的作用制成颗粒料，包括制粒、膨化、膨胀等处理工序。与粉料相比，成形后的颗粒饲料具有营养全面、易消化吸收、动物不易挑食、采食时间缩短、便于贮存和运输、不会自动分级、改善适口性等显著优点。据报道，谷物经膨化后，猪对饲料的消化率可提高 5%～15%，豆粕消化率可提高 2%～6%。饲料经膨化加工后，适口性明显改善，采食量显著提高。饲料中对湿热敏感的抗营养因子经膨化加工后被破坏，因而可改善动物生产性能。

普通颗粒饲料加工工艺流程：经过配料混合的粉状饲料进入待制粒仓，再经给料器供料进入调质器，经蒸汽调质后进入制粒机制粒，压制好的颗粒饲料经冷却器冷却，碎粒或不碎粒进入分级筛分级，不合格颗粒重新制粒，合格颗粒进入成品仓。为解决高油脂添加制粒难、维生素在制粒过程中失活等问题，颗粒饲料入成品仓前可增加液体喷涂工序。

制粒设备：将粉状配合饲料制成颗粒配合饲料的设备。制粒设备有环模和平模两种形式，目前饲料厂主要都采用环模制粒机。制粒机一般都自带有喂料器和调质器，根据调质要求的不同可配单层调质器、双层调质器、三层调质器或双轴异径差速调质器。

冷却设备：制粒后的颗粒饲料一般温度在 80～90℃，水分含量在 16%左右，必须经过降温、降湿。冷却设备通过吸风使料温下降到接近室温的温度，并在降温的同时部分降低饲料的水分。

碎粒设备：将颗粒配合饲料破碎成小颗粒（称为碎粒）的机器，一般都采用辊式碎粒机。

4.2.1 调质

调质是制粒过程中最重要的环节。调质的好坏直接决定着颗粒饲料的质量。调质目的即将配合好的干粉料调质成为具有一定水分、一定湿度，利于制粒的粉状饲料，目前我国饲料厂都是通过加入蒸汽来完成调质过程。

4.2.2 制粒

1. 环模制粒

调质均匀的物料先通过保安磁铁去杂，然后被均匀地分布在压辊和压模之间，这样物料由供料区压紧区进入挤压区，被压辊钳入模孔连续挤压开分，形成柱状的饲料，随着压模回转，被固定在压模外面的切刀切成颗粒状饲料。

2. 平模制粒

混合后的物料进入制粒系统，位于压粒系统上部的旋转分料器均匀地把物料撒布于压模表面，然后由旋转的压辊将物料压入模孔并从底部压出，经模孔出来的棒状饲料由切辊切成需求的长度。

4.2.3 冷却

在制粒过程中由于通入高温、高湿的蒸汽同时物料被挤压产生大量的热，使得颗粒饲料刚从制粒机出来时，含水量达 16%～18%，温度高达 75～85℃。在这种条件下，颗粒饲料容易变形破碎，贮藏时也会产生黏结和霉变现象，必须经冷却使其水分降至 14%以下，温度降低至比气温高 8℃以下。

4.2.4 破碎

在颗粒机的生产过程中为了节省电力，增加产量，提高质量，往往是将物料先制成一定大小的颗粒，然后再根据畜禽饲用时的粒度用破碎机破碎成合格的产品。

4.2.5 筛分

颗粒饲料经粉碎工艺处理后，会产生一部分粉末凝块等不符合要求的物料，因此破碎后的颗粒饲料需要筛分成颗粒整齐、大小均匀的产品。

环模制粒机（图 4-7）的环模被驱动带动而回转，原料进入环模内的两个压辊，由于环模旋转将物料转入模辊之间，这两个旋转件对饲料产生强烈挤压，而使饲料被挤入压辊孔内，成形的颗粒被挤出，挤出模孔后呈圆柱形，最后被切刀切断成成型饲料。

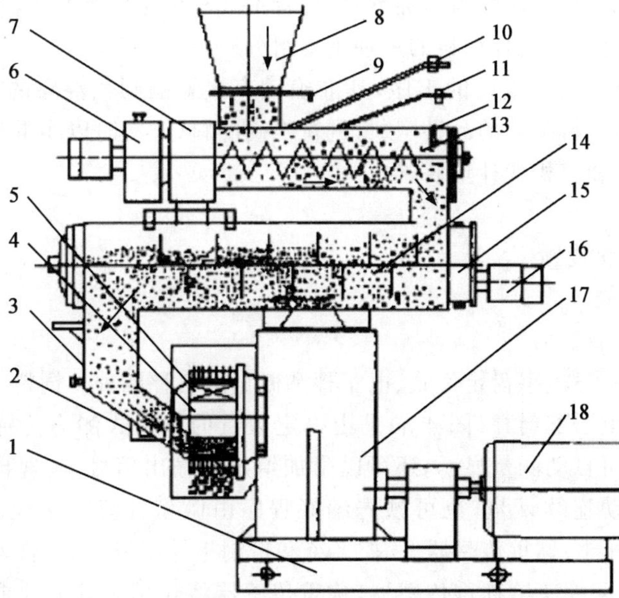

图 4-7　环模制粒机示意图

1. 机座　2. 磁铁　3. 下料斜槽　4. 环模　5. 压辊　6. 喂料电动机　7. 喂料减速器　8. 料斗　9. 下料插门　10. 电动蒸汽流量控制阀　11. 电动液位流量控制阀　12. 温度传感器　13. 喂料器　14. 调质器　15. 调质减速器　16. 调质电动机　17. 主传动箱　18. 制粒主电动机

环模制粒机主要由喂料器、调质器、颗粒制粒机等部分组成。料斗中的物料经喂料器送至调质器（喂料量的大小通常通过变频调速的方式控制），调质器含有蒸汽、水分的注入口，从而实现将配合好的粉料调质到一定的温度和湿度，然后送到颗粒制粒机。调质是对颗粒饲料制粒前的粉状物料进行水热处理的加工工序，调质对颗粒饲料的质量影响很大。具体体现在以下几方面：a. 对粉状物料进行熟化处理；. b. 对粉状物料进行灭菌处理；c. 显著提高颗粒饲料的耐水性；d. 改善制粒性。

为保证颗粒饲料的质量，调质器出料口的温度控制很关键。颗粒制粒机由主电动机、环模、压辊、切刀等组成，制粒室的核心工作部件是环模和压辊。工作时环模由驱动轴驱动作等速旋转，安装于环模内的压辊通过模辊与物料的摩擦作用而发生自转。由于模辊的相对转动，物料逐渐被钳入、挤压，最后呈圆柱状从环模模孔中被连续挤出，再由装在环模外面的固定切刀切成一定长度的颗粒，而完成整个制粒过程。

环模制粒机工作时，环模（压模）在电机驱动下顺时针旋转，调质后的物料由导料机构送入环模与压辊间的工作区，压辊借助工作区内环境与物料、压辊与物料间的摩擦力作用开始顺时针旋转。随着环模与压辊的旋转，摄入的物料被挤压、压紧，当挤压力增大到足以克服模孔内摩擦力时，物料就被挤压进模孔。随模辊不断旋转，环模孔内的物料被连续挤出。

4.3 预混料生产设备

预混料是添加剂预混合饲料的简称，是将一种或多种微量组分(包括各种微量矿物元素、各种维生素、合成氨基酸、某些药物等添加剂)与稀释剂或载体按要求配比，均匀混合后制成的中间型配合饲料产品，是全价配合饲料的一种重要组分。

配料是预混料生产中最为重要的工序，其准确性直接影响到预混料的质量、成本和安全性。配料要严格按照预混料配方的品种、数量进行准确配料，配料时以净重数为准。常用的称量设备有重量式配料秤和容积式计量装置。

4.3.1 配料计量装置

1. 重量式配料秤

重量式配料秤有秤车式、字盘定值式、电子秤和微量配料秤四种。饲料厂常用后两种。

(1)电子配料秤　电子配料秤(图4-8)是由一定数量的电阻式测力传感器和晶体管电位差计构成的称量仪器，可自动测量显示，还可以附加给定值输出信号，实现自动控制。电子秤可进行多种配料的自动连续计量，也可预先编好程序由微型计算机来控制，计量精度可达0.2%～1%。料秤由秤斗、称重传感器、气控系统和控制柜等组成，可配合若干配料仓和给料器。称量时，秤斗的承重传递给称重传感器，称重传感器将作用于其上的重量转换为电量输出，测量显示仪表用来测量和显示传感器输出的电信号，显示多用数码或指针的形式。

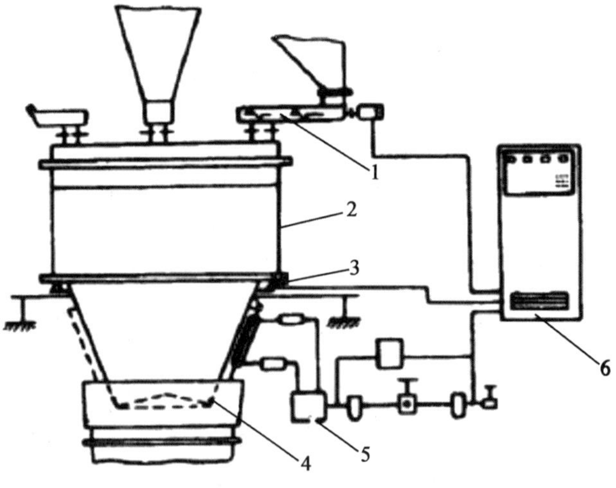

图4-8　电子配料秤

1.螺旋给料器　2.秤斗　3.称重传感器　4.卸料门　5.气控系统　6.控制柜

电子配料秤的优点：称重传感器的反应速度快，可提高称重速度；重量轻、体积小，结构简单，不受安装地点的限制，对于大吨位的电子秤还可以做成移动式的；称重信号可以远距离传送，并可用微机进行数据处理，自动显示并记录称量结果，还可给出各种控制信号，实现生产过程的自动化；称量传感器可以做成密封型的，从而有优良的防潮、防尘、防腐蚀性能，可在机械无法工作的恶劣环境下工作；电子秤没有机械秤那种作为支点的刀承和刀子，稳定性好，机械磨损小，减少了维修保养工作，使用方便，寿命长，精度高。

采用电子秤可以实现连续称重、自动配料、定值控制，这对保证产品质量，提高劳动生产率，减轻劳动强度，降低生产成本，提高管理水平有着重要意义。

(2)微量配料秤　微量配料秤(图 4-9)是生产添加剂预混料的关键设备。由于各种添加剂品种多，用量少，某些原料具有腐蚀性，还有许多药物具有专一性，所以要求微量配料秤的精度要高，称量范围小，防腐蚀，易清理。

微量配料秤的配料种类一般为 8～20 种。微量配料秤的配料精度静态为 0.05%，动态为 0.1%。存料仓、螺旋喂料器和秤体采用不锈钢制造，整体结构设计要便于清扫残留物料。

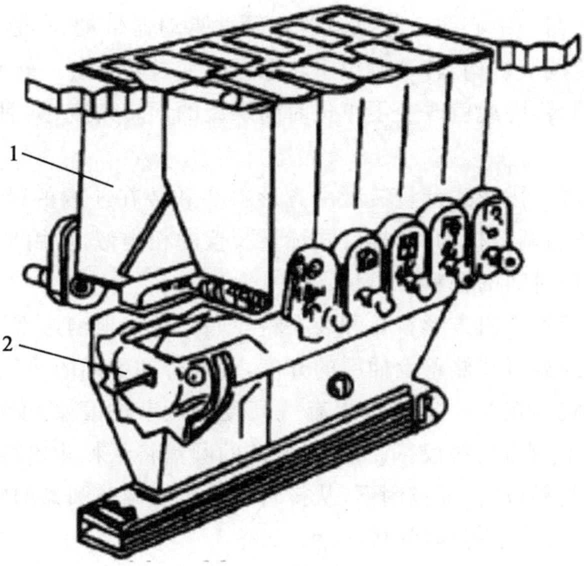

图 4-9　微量配料秤

1.小料仓　2.螺旋输送机

微量配料秤的控制，通常采用计算机及其相应的系统实现。控制系统要存储至少 50 种配方，并能方便地修改和设计配方，能对预混料进行生产排序和实施冲洗作业。同时应具有电子配料秤控制系统的一般功能。目前，国内和国际上的微量配料秤有豪夫第二代微量配料秤和布勒微量配料秤。

2.容积式计量装置

容积式计量装置结构简单、造价低、使用维修方便、容易实现连续生产，但它的计量误差较大，达到 1%～3%，物料的物理性能对计量的影响较大，计量的可靠性较差，在调换配方时，流量调节比较麻烦，因此难以适应现代高精度、多品种饲料生产厂的要求。常用的容积式计量装置主要有螺旋式、拨轮式、输送带式和转盘式容积计量装置等(图 4-10)。

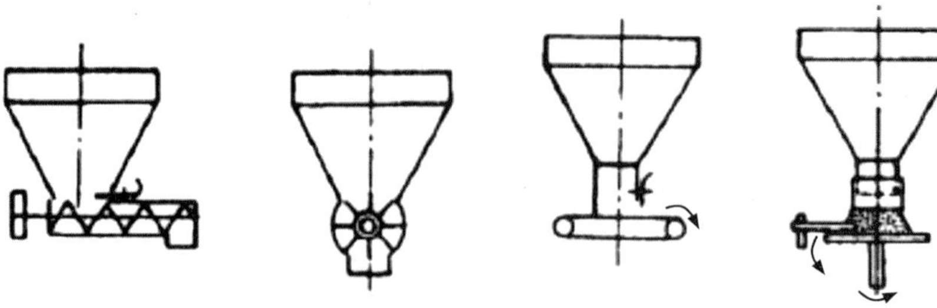

图 4-10 容积式计量装置

a. 螺旋式 b. 拨轮式 c. 输送带式 d. 转盘式

(1)螺旋式计量装置 其主要的工作部件为排料螺旋,螺旋在槽内旋转,槽的一端为饲料进口,另一端为饲料出口,饲料由螺旋沿槽推送而排出。为了进行计量,必须调节螺旋单位时间排出饲料的数量。通过调节单位时间螺旋的回转角度,来改变单位时间的饲料排出量。这种排料螺旋的轴由位于同一中心线上的驱动链轮通过驱动器带动,在驱动器上装有带刻度盘的调位手轮和一套棘轮调节机构,转动调位手轮即可改变链轮每转一转时螺旋回转的角度,由于链轮是按固定转速回转,因此就改变了单位时间螺旋的回转角度,从而调节单位时间的饲料排出量。

(2)拨轮式计量装置 拨轮式计量装置由方形料斗和装在斗内的带槽拨轮构成。拨轮轴的驱动器以及拨轮转角的调节机构,与螺旋式计量装置的相类似,可用来调节拨轮单位时间的回转角度,从而调节单位时间的饲料排出量。

(3)输送带式计量装置 由方形料斗和装在料斗底部的一根输送带构成。计量时,输送带将料斗中的饲料带出,控制料斗侧壁上插门的开度,就可得到不同的单位时间饲料排量。

(4)转盘式计量装置 在料斗出料口上有一高度可调节的套管,套管下方有一个旋转圆盘,圆盘上有一块固定不动的刮料板。计量时,旋转的圆盘将从料斗出料口流下的粉料带着转动,当盘上的粉料遇到刮料板时,即被刮下,从排料口排出。调节圆盘的转速、套管的高度或刮料板的位置,就可得到不同的单位时间排料量。

4.3.2 供料装置

供料器装在配料仓出口和配料秤入口之间,是保证配料秤准确完成称量过程的重要辅助设备。常用的供料机械有螺旋供料器、叶轮供料器、电磁振动供料器等。

1. 螺旋供料器

螺旋供料器由机壳、螺旋体、传动部件、进料口、出料口等部分组成(图 4-11)。工作原理与螺旋输送机相同。螺旋给料器因其结构简单、工作可靠、维修方便,得以广泛应用。

2. 叶轮供料器

叶轮供料器(图 4-12)主要用于料仓出口与配料秤入口水平中心距较小的场合。它具有体积小、质量轻、便于悬挂吊装、操作简便等特点。它主要由机体、叶轮、控制机构、传动机构等部分组成。

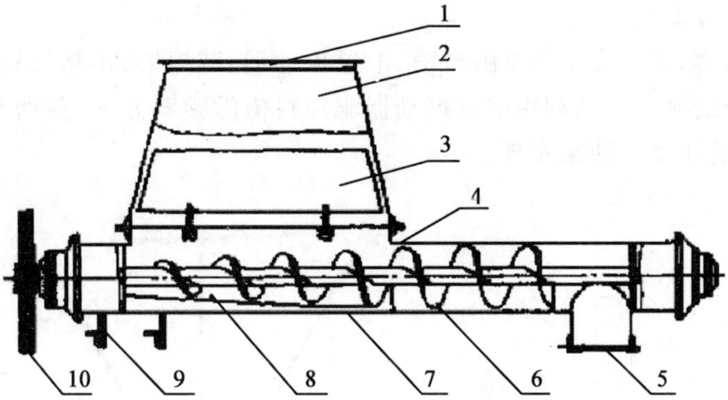

图 4-11　螺旋供料器

1. 进料口　2. 变形管　3. 减压板　4. 机壳　5. 出料口　6. 螺旋体
7. 检查口　8. 衬板　9. 电机机座　10. 皮带轮

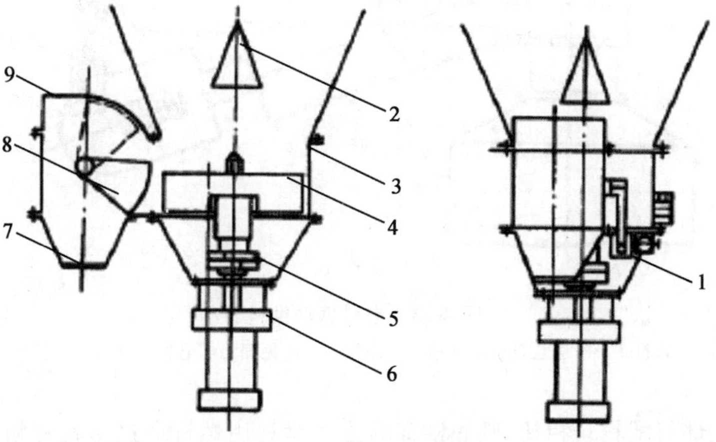

图 4-12　叶轮供料器

1. 给料调节机构　2. 匀料锥　3. 机壳　4. 叶轮　5. 联轴器　6. 电动机
7. 出料口　8. 扇形料门　9. 观察孔孔盖

机体通过螺栓与料仓的出料口相连接，机体的顶部设有匀料锥，用来疏导通过给料器的料流，并减少物料对给料器叶轮的冲击力。匀料锥下方是给料器进料口，进料口的一侧装有扇形料门，它与圆柱形壳体共同组成叶轮工作室。叶轮体由轮轴、轮壳及安装在轮壳上的 6 个叶片组成。叶片呈曲面形，它与轮壳安装成后倾 10°角。物料控制机构主要由控制阀、气缸、活塞、推杆、料门开度调节器、扇形料门所组成。该机构主要用来控制料门的开闭，调节给料量的大小，以及防止“延流”的产生，供料器在传动上采用带有电动机的立式摆线针轮减速器，减速器通过挂架吊挂在供料器的下方，通过弹性联轴器与叶轮轴相连。

工作时，电动机接通电源，通过减速器，联轴器带动叶轮旋转。与此同时，控制机构的控制阀使气缸接压缩空气气源，推动活塞、推杆，扇形料门打开，使物料从料仓流出，经匀料锥缓冲减压，沿匀料锥四周均匀地流向叶轮工作室。进入叶轮工作室的物料在叶片的推动下沿水平方向被推向出料口。当给料量达到预定值时，调节机构的控制阀获得信号，使气缸工作，通过推杆、扇形齿轮迅速关闭扇形料门，同时使电动机停止传动，即完成一次给料过程。

3. 电磁振动供料器

电磁振动供料器(图 4-13)主要由料槽、电磁振动器、减振器、吊架、吊钩、法兰盘等组成。电磁振动供料器的给料过程是利用电磁振动器驱动料槽沿倾斜方向(与槽底平面成一定角度的方向)做周期性的往复振动来实现。

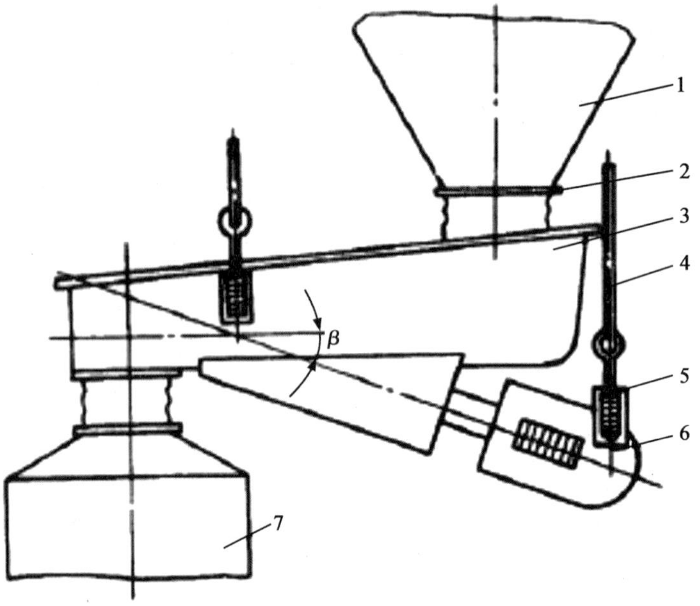

图 4-13 电磁振动供料器

1. 卸料斗 2. 法兰盘 3. 料槽 4. 吊钩 5. 减振器 6. 电磁振动器 7. 秤斗

卸料斗的上部与配料仓相接,其底锥部的法兰盘利用螺钉通过压板将帆布袋夹紧。帆布袋的底端以同样的方法与料槽相连接。电磁振动器安装在料槽的底部,料槽的前端出料口处利用压板将帆布袋固定在料槽和秤斗的法兰盘上。四组减振器安装在吊架上,利用吊钩将振动供料器吊在预先设置的固定架上。

电磁振动供料器的给料过程是利用电磁振动器驱动料槽沿倾斜方向(与槽体底平面呈一定角度的方向)做周期性的往复振动来实现的。槽体振动时,料槽表面对物料有一作用力。当该作用力大于重力垂直于料槽表面的分力时,槽中的物料被连续地抛起,并按照抛物线的轨迹向前进行跳跃式运动。槽体振动的频率较高,振动的振幅又很小,因此物料被抛起的高度也很小,如果料槽中仅为单颗粒物料,可以看到颗粒微小的跳跃运动,当料槽中铺满物料时,则看到物料整体向前流动。振动供料器的供料能力取决于料槽宽度、料层厚度、物料容重和物料流动速度等因素。

4.3.3 粉碎装置

饲料粉碎的目的:①提高饲料的消化率。因粉碎能减小饲料粒度,增大饲料颗粒的表面积比率,进而增加了消化酶作用的机会,提高了消化率。②改善适口性。饲料粉碎可破坏颗粒结构，进而改善适口性。③便于不同原料组分的混合粉碎。可降低不同物料之间的粒度差异，有利于组分混合均匀。④便于饲料制粒。加工饲料经粉碎至合适的粒度，才能制出优质颗粒饲料。⑤便于饲料的搬运与贮存。油饼类和粗饲料经粉碎后，可以方便地进行机械输送和贮存。⑥在输送混合好的饲料时，不易出现分离现象。⑦扩大饲料来源。

对粉碎机的要求：①粉碎效率高，能耗低。②有一定的通用性，能适应不同类型的饲料。③粉碎粒度调节方便，以适应不同的要求。④粉碎产品粒度均匀，形成的细粉末少。⑤工作部件耐磨，操作、维修方便，安全性、可靠性好。⑥噪声小、粉尘少。

粉碎机的种类很多，分类方法也很多。根据物料粉碎后粒径不同，可将其分为普通粉碎机、微粉碎机和超微粉碎机。按粉碎机的结构特征不同，可将其分为锤片式粉碎机、爪式粉碎机、磨盘式粉碎机、压扁机、对辊式粉碎机和齿辊式粉碎机等。

1. 锤片式粉碎机

锤片式粉碎机（图 4-14）由机体、转子、销连在转子上的锤片、筛片、齿板及进、出料口等组成。机体分上机体和下机体两部分，上机体内安有齿板，并设有切向进料的进料口；下机体内安装有筛片，用螺钉固定在下机体两端，可以更换，且设有排料口。转子位于机体的中间，围成的空间称为粉碎室。转子包括转子轴、锤架板、销轴、锤片和间隔套等。转子上固定有三块圆盘形锤架板，锤架板四周有四个圆孔，分别安装四根锤片销轴，12 片锤片交错套在销轴上。每根销轴上分别装有 2～4 片锤片，锤片间用间隔套隔开，端部用开口销固定。

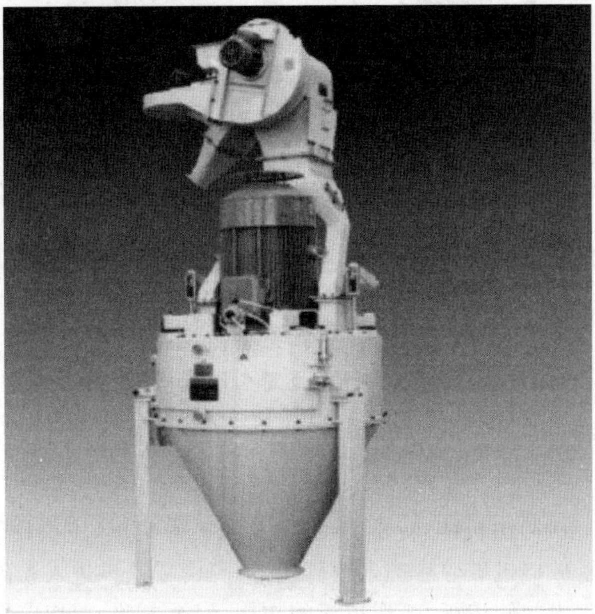

图 4-14　锤片式粉碎机

为了便于出料，锤片式粉碎机还装有风机。风机与转子同轴安装，风机的进风口用弯管与下机体侧壁的排料口相连，出风口经输送管与集料筒相连。上机体顶部设有回风口，需要用回风装置时，在回风口上安装回风管；不用回风装置时，用布将回风口扎严，以免跑粉。

切向粉碎机工作时，配有输送管道、集料筒（离心式卸料器）、集粉布袋等设备。饲料从喂料斗沿转子切线方向进入粉碎室，首先受到高速旋转的锤片打击而破裂，并在打击力作用下飞向齿板，与之撞击后被弹回，再次受到锤片的打击和齿板的撞击，如此不断反复，使饲料被碎成小碎粒，由筛孔漏出，留在筛面上的较大颗粒，再次受到锤片打击和在锤片与筛片之间摩擦，直至从筛孔中漏出。从筛孔漏出的粉粒饲料由风机吸出，经输送管，送入集料筒。带饲料粉粒的气流在集料筒内分离，粉料通过排粉口流入集粉布袋，气流及粉尘从出风管排出，为防止粉尘外逸污染环境，在出口处用集尘布袋收集粉尘，也可通过回料管与粉碎机顶部的回风口相连，将其引回粉碎机。

2. 爪式粉碎机

爪式粉碎机(图 4-15)是利用固定在转子上的齿爪粉碎物料的。它主要由进料斗、动齿盘、定齿盘、包角 360°的环形筛和排料口等组成。定齿盘上有两圈定齿，齿的断面呈扁矩形，动齿盘上安装有三圈齿，其横截面呈圆形或扁矩形。工作时，饲料由喂料斗经流量调节插门、进料管进入粉碎室，受到定、动齿和筛片的冲击，碰撞与搓擦等作用，最终被粉碎成粉粒状排出机外。动齿和定齿间的间隙为 3.5 mm。爪式粉碎机的特点是结构简单，粉碎室比较窄，筛片包角为 360°，生产效率比较高，但噪声和粉尘比较大，对长纤维饲料不适合。

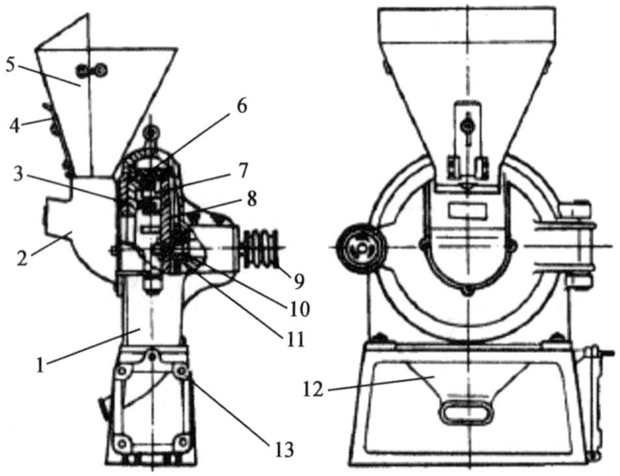

图 4-15　爪式粉碎机

1. 机壳　2. 进料管　3. 定齿盘　4. 闸门　5. 喂入斗　6. 环形筛　7. 齿爪　8. 动齿盘
9. 皮带轮　10. 轴承　11. 主轴　12. 出粉口　13. 电机架

3. 无筛式粉碎机

无筛式粉碎机(图 4-16)由机体、转子、控制室和风机等组成，主要用于粉碎贝壳等矿物质原料。贝壳先经过对辊破碎机破碎后逃入粉碎机，贝壳由喂入口进入粉碎室后，受到高速转动的转子与锤块和粉碎室内的侧齿板、弧形齿板的作用，而被击碎、剪切碎和磨碎，成品粒度通过调节控制轮与衬套间的间隙而得到控制，即合格的粉粒通过控制轮而被风吸出，不合格的粗粒被控制叶片挡回粉碎室重新粉碎。也可以通过调节锤块与齿板的间隙来控制成品粒度。

4. 齿辊式粉碎机

齿辊式粉碎机(图 4-17)由主、被动齿辊，喂入口，出料口，传动机构，机架等部分组成。齿辊由等间距套在齿辊轴上的星形刀盘和间环构成，是粉碎机的主要工作部件。齿辊有两个，一个称为主动齿辊，另一个称为被动齿辊，安装时，使一齿辊星形刀盘之齿正好对着另一齿辊刀

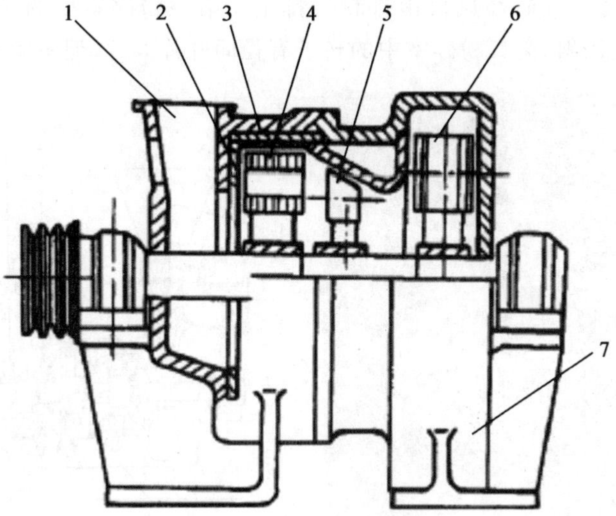

图 4-16　无筛式粉碎机

1.喂入口　2.测齿板　3.弧形齿板　4.转子与椎板　5.控制轮与叶片　6.风机叶轮　7.机体

盘的两齿之间。其中的主动齿辊由皮带轮带动，转速较快，被动齿辊则由齿轮带动，转速较慢，两者回转方向相反。齿辊式粉碎机主要用于油粕饼的破碎。工作时，油粕饼从顶部喂入口进入粉碎室，由于两个齿辊的转速不同，对油粕饼产生锯齿作用，将其粉碎成 40～50 mm 的碎块，碎块由底部的出料口排出。

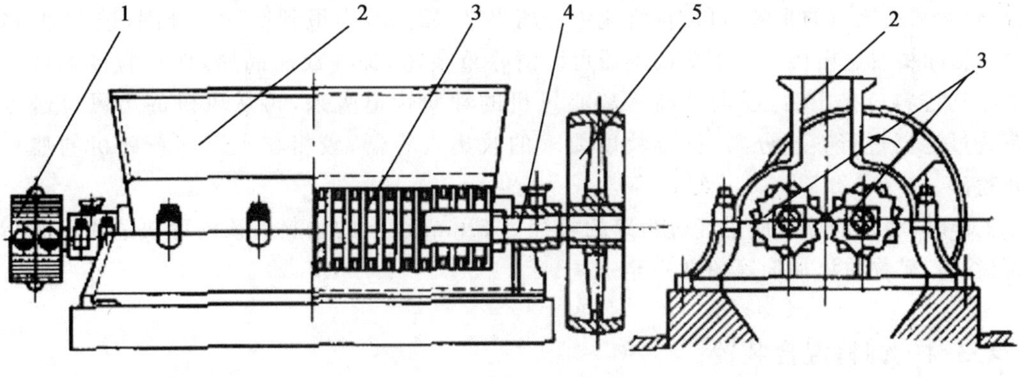

图 4-17　齿辊式粉碎机

1.齿轮传动机构　2.喂入口　3.齿辊　4.轴承座　5.带轮

5.卧式超微粉碎机

卧式超微粉碎机(图 4-18)是一种卧轴、双室、气流分级式粉碎机，主要依靠冲击粉碎原理工作，在粉碎的同时能够进行分级和消除杂质。物料从喂料斗送入粉碎腔，而粉碎腔被两个锥形套划为三个室，沿轴向排列，左侧为第一粉碎室，中间为第二粉碎室，右侧为风机室。主轴水平穿过三个室的中心，在粉碎室相对应的轴上装有粉碎部件和分级部件，在风机室相对应的轴上装有风扇叶片。机壳的内壁有固定磨环，环上有齿板以增强粉碎效果。第二粉碎室的内径比第一粉碎室大，粉碎和分选作用都比第一粉碎室强。在第二粉碎室右侧也有锥形套管与风机相连，粉碎成品与气流一起经风机由排料口排出。第一粉碎室中的转子有径向叶片5～6片，叶片向输送方向倾斜；第二粉碎室中的转子有径向叶片5片，但不倾斜。

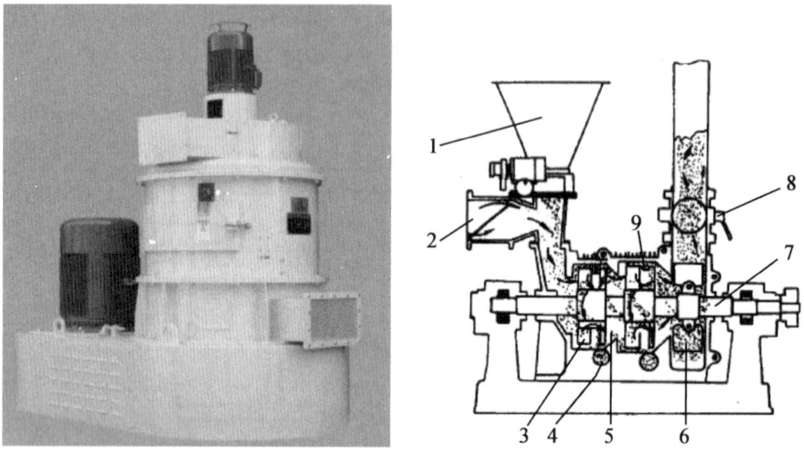

图 4-18　卧式超微粉碎机

1.喂料口　2.进风口　3.叶片　4.螺旋卸料器　5.锥形套管
6.风机　7.主轴　8.成品排料口　9.固定磨环

粉碎室的左端与机壳圆筒部分内壁相对，右侧则与圆锥部分内壁相对，分别形成了很小的间隙，一般为2～5 mm。调节该间隙的大小，可以控制成品的粒度，间隙越小，粒度越细；反之则越粗。在两个粉碎室的下面，各设有一个卸料口，并与机身下方的螺旋卸料器相通。粉碎中、高硬度和大比重的粗粒，可以从气流中分离出来，靠离心力甩到粉碎室外围，进入卸料口，通过螺旋卸料器送出机外。螺旋卸料器可以清除重杂物，提高成品品质，保持粒度均匀。微粉产品从排料口排出后，通常被高压离心风机的轴向管道吸入，再从风机的出风口送入脉冲布袋过滤器进行料气分离，符合粒度要求的收集入容器，较粗粒子返回粉碎机的喂料斗重新粉碎。

工作时，喂入的原料应是经过粗碎的粒径为5 mm以下的物料。该粉碎机适用于脱脂大豆粉、谷粉、矿物质添加剂等超微粉碎。

4.3.4　饲料混合装置

所谓混合，就是在外力作用下，各种物料互相掺和，使之在任何容器中每组分的微粒均匀分布。混合有不同的方法，在技术上最广泛采用的方法有：a. 搅拌混合；b. 回转（筒式）混合；c. 喷射混合；d. 通过压缩空气、蒸汽或液体实现混合；e. 借助振动、超声波等的效应完成混合。前三种方法为机械式的混合，第四种方法为气动式的混合，最后一种方法为涡流混合。在饲料生产过程中多采用机械混合，其中尤以搅拌混合采用广泛。

混合是在配合饲料生产中，将配合后的各种物料混合均匀的一道关键工序，它是确保配合饲料质量和提高饲料效果的重要环节。畜禽饲养实践表明，配合饲料中的各种组分如果混合不均匀，将显著影响畜禽生长发育，轻者降低饲养效果，重者造成畜禽死亡。一般，在饲料工厂中，混合机的生产率决定工厂的规模。因此，混合机是饲料工业的最关键设备之一。

混合机的种类很多。按其适应的饲料种类可分为干粉料混合机、潮饲料混合机和稀饲料混合机。按其结构可分为回转筒式和壳体固定式两大类。回转筒式混合机内部无搅拌部件，多用于药物混合；壳体固定式混合机内部有回转搅拌部件，如螺旋、螺带、叶片、桨叶等，在饲料加工业中应用较多。混合机按混合过程又可分为连续式混合机和分批式混合机，前者必须和连续式配料计量装置配合使用，后者则和分批式配料计量装置相配合，分批式混合机的混合质量好，且易于控制。

目前在配合饲料工厂中应用最广的是壳体固定式分批混合机，其中最常用的为立螺旋式混合机、卧式螺带混合机和卧式双轴桨叶混合机三种。

1. 立螺旋式混合机

立螺旋式混合机（图 4-19）由料筒、内套筒、垂直螺旋、电机和皮带轮等构成。料筒下部为锥形，倾角不小于 60°，壁上设有出料口，底部有料斗。容积一般为 0.8～2 m^3，螺旋直径 250～300 mm，螺距为螺旋直径的 0.5～0.6 倍，圆筒直径为螺旋直径的 4～5 倍；锥形部分筒高与筒径比大于 1.5。垂直螺旋转速为 200～300 r/min。它是一种非连续作业的混合机，适用于粉状配合饲料的混合。

工作时，将已计量好的各种饲料组分加入料斗内，由垂直螺旋将饲料向上提升，进入料筒的圆筒部分。当全部饲料加入后，料筒内的饲料不断由垂直螺旋向上提升，到达顶端后被拨料板抛出，再沿圆筒和锥形部分的内壁下滑，流至底部，并再一次由垂直螺旋向上提升抛撒，如此经多次反复循环，直到混合均匀，打开出料口将饲料卸出。一般混合时间 10～15 min。

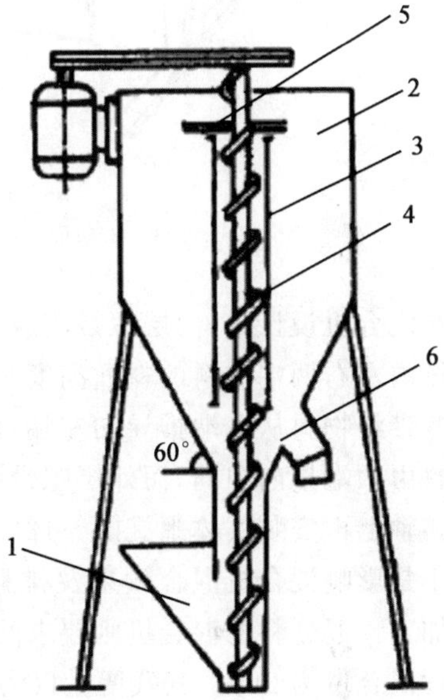

图 4-19　立螺旋式混合机

1. 料斗　2. 料筒　3. 内套筒　4. 垂直螺旋　5. 拨料板　6. 出料口

该混合机的特点是配套动力小，占地面积小，一次装料量多，每批混合时间长，生产率低，腔内物料残留量较多，卸料速度慢。

2. 卧式螺带混合机

卧式螺带混合机（图 4-20）由机体、转子、进料口、出料口和传动机构等部分组成。机体为 U 形槽状，进料口在机体顶部，可根据进料位置的要求不同选用 1～2 个进料口，出料口在底部，排料门的形式有全长排料、端头排料或中部排料。全长排料又称大开门，其特点是排料速度快、排料残留量少。但全长排料的排料门长，工作时受力大，使用一段时间后，料门易变形。一旦料门变形，就关闭不严，在混合过程中漏料，影响混合效果。中部排料或端头排料，虽工作性能可靠，但排料时间长，机内残留多。

一些新机型采用多段设门，在混合机底部开设几个卸料口。这种新机型集上述两种排料方式之长，也同时克服了上述两种排料方式中的缺陷。转子由主轴、支撑杆、螺带构成，螺带包括内层螺带和外层螺带，分别为左旋和右旋，当一条螺带把物料由混合机的一端送往另一端时，另一条螺带则把物料作反方向输送。

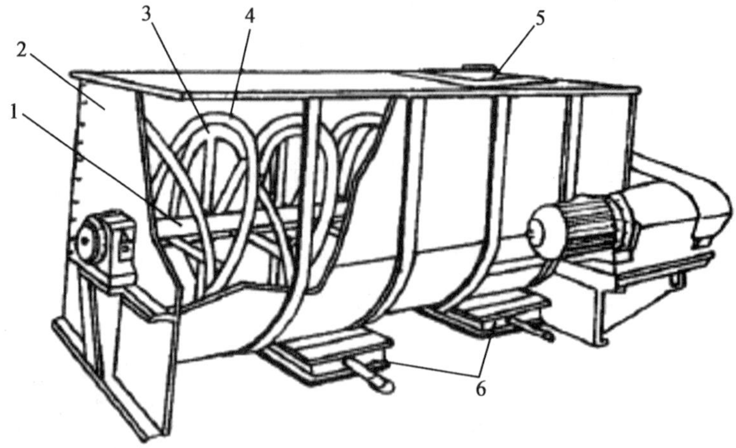

图 4-20　卧式螺带混合机

1.主轴　2.机壳　3.内层螺带　4.外层螺带　5.进料口　6.出料口

在混合机设计中，内层螺带应较外层螺带宽，使内外两条螺带的输送能力相等，以保证混合时机内左右两端物料的料面高度基本相平。内、外层螺带的排列有两种方式：第一种是内、外层螺带将物料从右端推导向左端，而外层螺带则将物料由左端推向右端；第二种是内层螺带将物料由两端推向中间，而外层螺带则将物料由中间推向两端。第二种形式在国内较少使用。也有转轴上再安装实体螺旋的三螺旋混合机，能取得良好的效果。外层螺带与机壳之间的间隙大小是影响混合机混合效果及排料残留量的重要因素，制造时间隙应控制在 5 mm 以内。对于加工预混合料的混合机则要求间隙更小些，最好能在 2 mm 以内。这种间隙小的混合机，当每批混合量为 2t 时，其残留量仅为 50g 左右，有效地减少了各批饲料间的相互污染。

批量混合机的进料、混合和卸料相间进行，操作频繁，并需与配料工序正确配合，大多采用程序控制和联锁机构，以避免由人工来进行频繁的启闭操作，并防止在料尚未排清之前下一批料误入混合机。

传动部分由电动机、减速箱、联轴器等组成，它们通过支架直接安装在机体上。由减速器及联轴器直接带动螺带转子，或者由减速器经过链轮带动螺带转子。

工作时，混合机通常在空转启动后进料，当原料进入混合机之后，各个组分物料受到混合机螺带的推动，使处于混合机不同部位的物料不断翻动、对流、扩散或参插，如此不断反复使饲料达到混合均匀，混合好的饲料从排料口排出。用这类混合机混合配合饲料时，达到混合均匀所需的时间通常在 2～6 min，混合均匀度变异系数可达 7%以下。

卧式螺带混合机混合速度快，可以使用较短的混合周期，在混合稀释比较大的情况下也能达到较好的混合效果。卧式螺带混合机不仅能混合散落性较好的物料，而且能混合散落性较差，黏附力较大的物料，必要时尚能加入一定量的液体饲料。当添加油脂或糖蜜时，添加量可达 10%左右。但卧式螺带混合机占地面积大，配套动力较大。

3.卧式桨叶连续混合机

卧式桨叶连续混合机（图 4-21）主要由机壳、转轴、桨叶、绞龙及传动机构组成。工作时，将按配方称量好的原料连续不断地从混合机的进口喂入混合机内，桨叶推动物料作单向流动，最后由排料口排出。桨叶按螺旋线排列，倾角可调，间距 300 mm，整机长 5 m 以上，可制成上下两层，使混合料走“之”字形。有的混合机为了在进料口加大输送能力，采用实心绞龙或较大的桨叶。

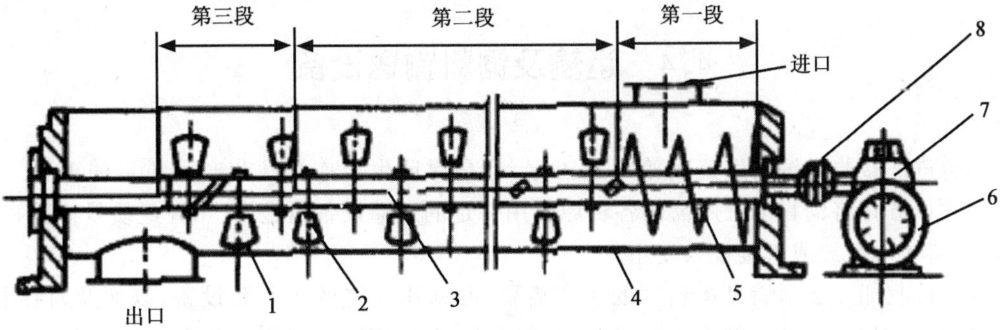

图 4-21　卧式桨叶连续混合机

1. 宽桨叶　2. 窄桨叶　3. 转轴　4. 机壳　5. 实心绞龙　6. 电动机　7. 减速机　8. 连轴机

桨叶式连续混合机结构简单，造价低廉，并能连续工作，但混合机长度较长，而残留量大，不易生产多种产品，混合质量较差。

4. 卧式双轴桨叶混合机

卧式双轴桨叶混合机(图 4-22)由机壳、桨叶转子、液体添加喷管、排料门和传动机构组成。机体为双槽形，其截面形状呈 W 形，机体顶盖上开有两个进料口，两个机槽底部各有一个排料口。机体内安装有两个转子，转子由轴和多组桨叶组成。工作时，物料加入后，由两个旋转方向相反的桨叶转子向中间搅动，由于桨叶有多个特殊角度，使物料得到各个方向的混合力，同时在两个转子的交叉重叠处形成一失重区，在此区域，不论物料的形状、大小和密度如何，都能使物料处于瞬时失重状态，得到迅速而有效地混合。

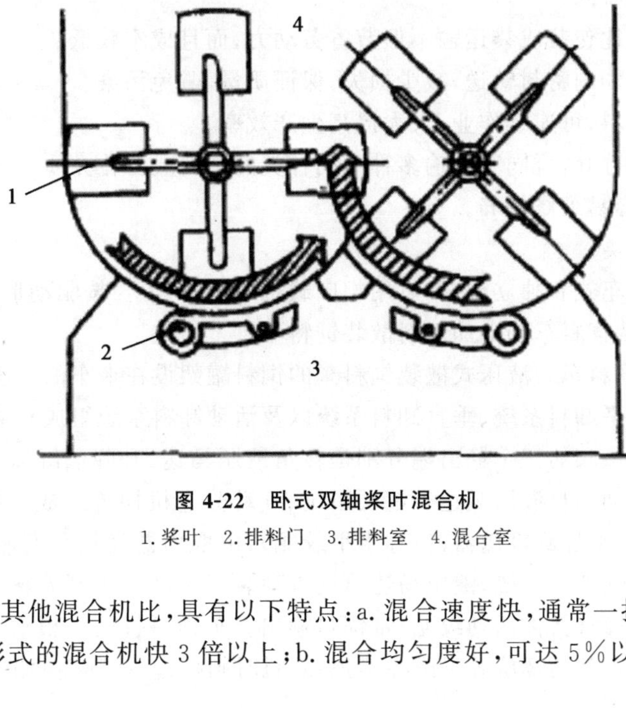

图 4-22　卧式双轴桨叶混合机

1. 桨叶　2. 排料门　3. 排料室　4. 混合室

这种混合机与其他混合机比，具有以下特点：a. 混合速度快，通常一批饲料的混合时间为 45～60 s，比其他形式的混合机快 3 倍以上；b. 混合均匀度好，可达 5%以下；c. 可混合黏性物料，添加达30%的液体，原料仍可混合均匀；d.由于采用桨叶结构，混合均匀度受物料充满系数的影响小，充满系数为0.1～0.8。

4.4 运输及饲料输送设备

原料进厂接收是饲料生产的第一道工序，也是保证生产连续性和产品质量的重要工序。原料接收任务是将饲料加工所需的各种原料用一定的运输设备运送到厂，并经质量检验、称重计量、初清入库存放或直接投入使用。

原料接收能力必须满足饲料厂的生产需要，并采用先进的工艺和设备，以便及时接收原料，减轻工人的劳动强度，节约能耗，降低生产成本，保护环境。饲料原料接收和成品的输出工作量都很大，一般接收设备的接收能力为生产能力的3～5倍。此外，原料品种繁多，数量差异较大，包装形式各异都给原料接收工作都带来了复杂性。

饲料原料接收设备主要有刮板输送机、带式输送机、螺旋输送机、斗式提升机、气力输送机以及一些附属设备和设施（如台秤、自动秤等称量设备、存仓及卸货台、卸料坑设施等）。

4.4.1 散装饲料运输车

散装饲料运输车，又名饲料车。其结构简单、性能可靠、输送量大、操控方便、机动性强、对物料无污染，广泛应用于各大中小型养殖企业的饲料的运输。散装饲料运输车主要用于从饲料厂向畜牧场、养禽场及饲料加工用户运输散装饲料成品或饲料生产原粮，同时它也可用来运输某些无腐蚀性粉粒状原料，如制药厂粉料和粮库周转。

1.饲料运输车的特点

①散装运输饲料比包装成袋运输不但节省劳动力，而且成本较低。

②散装饲料在罐体内密封输送，减少损失，保证质量，避免污染。

③全自动上料卸料，可连续作业，大大提高生产效率。

④罐体内可加装分仓，可同时运输多种不同种类的饲料或膨化介质。

⑤部件标准化，容易维修保养。

2.散装饲料车分类

散装饲料车有整车式和独立罐式（可用相应载货车运输）等。按驱动形式分为全液压卸料散装饲料车、气卸散装饲料车和电动卸料散装饲料车。

（1）液压式散装饲料车　液压式散装饲料车的饲料罐架设在卡车的底盘上，专用设施由罐体总成、输送系统（水平卸料系统、垂直卸料系统以及活动卸料系统组成）、液压系统（高压油泵经管路与分配阀连接该阀的三个输出端分别是转角液压马达、升降油缸以及串联在一起的水平卸料、垂直卸料、活动卸料液压马达）、电动系统、气动分仓机构等组成。在罐体底部设有闸门，在闸门下面装有水平螺旋输送器（俗称水平绞龙），由取力器经汽车变速箱输出动力驱动，再传动高压油泵以驱动液压系统，液压马达通过传动装置带动水平螺旋输送器的叶片轴及叶片旋转，经活动输送系统（俗称活动绞龙）将饲料输出。车顶平置的一根活动卸料绞龙可自由回转和抬升，运输时，顶部的螺旋管平卧在罐顶；卸料时则抬起，使管端的出料口与畜禽饲养场贮料罐顶部的进料门相接、对准，通过车底的动力输出轴和减速器来驱动螺旋，完成卸料。

液压饲料车具有以下优点：a. 工作效率高：结构简单、操作方便灵活、性能稳定、卸料速度快，每分钟卸料 800～1 000 kg（1～2 m^3）。可持续操作，大大提高劳动生产率。b. 操作更方便。不受场地限制，随时随地无需电源便可持续作业。不用担心停电或电压不稳对工作造成影响。c. 安全系数高。全进口液压驱动，完全排除阴雨天漏电、触电等安全隐患。d. 故障率低。不会因为电路受潮，造成接触不良、短路、电器老化，不会因为持续作业造成电机发热发烫等故障。e. 保养维护简单。全进口液压件，无须时刻注意线路问题，方便维护保养。操作简便，维护简单，故障率低，运行稳定。

（2）气卸散装饲料车　气卸散装饲料车整车采用大流量的气体输送技术，具有低压力、大流量、噪声低、产量高、输送距离远、卸料速度快、残留量低、对物料无污染等特点。广泛应用于各类养殖企业、饲料加工企业的饲料运输，解决了长距离输送的难题，可实现车辆不进场即能完成送料进料塔的工序，杜绝了养殖场最头痛的车辆进场的防疫问题。

（3）电动绞龙散装饲料车　电动绞龙散装饲料运输车是针对不同客户群最新研发的、满足低端市场的新产品，该车不配车载发电机，电动绞龙利用市电三相 380 V 来供电，车轮距较小能适应农村乡间道路。该车性价比高，很受客户的青睐，适用于路况狭小的小型养殖场、饲料厂。采用机械螺旋的卸料方式，卸料速度快，可连续作业，大大提高生产效率。罐体可分隔成 2～4 仓，同时装载不同饲料；各部件结构简单，操作方便灵活，易于维修保养。

4.4.2　原料接收

原料接收是将不同进厂方式和不同形态的各种饲料原料接纳，并运用各种设备和设施，按工艺和配方要求，使其处于待生产状态的过程。饲料接收设备应根据原料的特性、数量、输送距离、能耗等来选用，例如，刮板输送机和螺旋输送机一般都作水平输送，但前者多用于远距离，而后者宜用短距离。气力输送机宜作密度小的物料的水平和垂直输送，特别适用于船舶的粉、粒料装卸工作，其优点是粉尘小、劳动强度低；缺点是动力消耗大。密度大的原料以机械输送为好。斗式提升机主要用于提升散装物料。

1. 原料的陆路接收

散装汽车或火车入厂的原料，经汽车地中衡和火车轨衡称重后，自动卸入下料坑。然后将原料由水平输送设备、斗式提升机进行输送，再经清理、称量入库贮存或直接进入待粉碎仓或配料仓。通常散装原料有玉米、高粱、小麦等，因其流动性好、易处理，量大的情况下，一般储存在立筒仓内。

包装接收时则由人工拆包并将料倒入接收料斗，输送进入工作塔。为了保证生产顺利进行，必须保证后道工序设备的处理能力大于前道工序能力的 10%～15%的原则。为使物料均匀地进入初清筛，保证初清筛流量稳定，在初清筛前要设置一缓冲仓。

汽车下料坑应配置栅栏，既可保护人身安全，又可除去大的杂质，栅格间隙约为 40 mm。汽车下料坑有两种形式：深坑和浅坑。由于坑的深度的差异，有两种不同的除尘方法：对于大而深的坑在栅格下面吸尘有较好的效果，原料倾倒时物料不会堆得超过栅格高度；而浅坑则在栅格上面吸风效果较好，吸口应装设在坑内，安装一块固定的挡板，在卸料坑内建造出一个原料不能流动的区域，降低将原料吸入除尘系统的可能性。

对于深坑，建设每平方米每分钟的吸风量为 45.72 m^3；对于浅坑，吸尘点应选在车道两面地平面处，或者在辅助卸料坑情况下，吸尘点应放在格栅后面。在不妨碍车辆通行的前提下，吸尘罩应尽可能地安置在接近格栅处。建议系统设计吸风量在 283～425 m^3。设计时要考虑封闭形式，吸尘罩离格栅的距离、格栅的面积以及车辆的卸料形式，确定最佳的吸风量。漏斗式卸料产生的粉尘比翻斗式的要少得多。

2. 原料的水路接收

在我国南方地区有纵横交错的水网，有发达的水上运输体系，因其费用较低，是首选的运输形式，气力运输接收工艺适合于水路运输装卸饲料原料之用。它的吸管为软管，可适应水位的涨落，同时吸管可以前后左右移动不受轮船的外形和大小限制，同时也保证了船舶内有良好的卫生条件和船体结构不被损坏。

气力输送装置(图 4-23)由吸嘴、料管、卸料器、关风器、除尘器、风机等组成。在风机风力作用下，吸料装置从船内将物料吸入卸料器，分离出的物料由关风器卸入后序的输送装置或贮料仓。

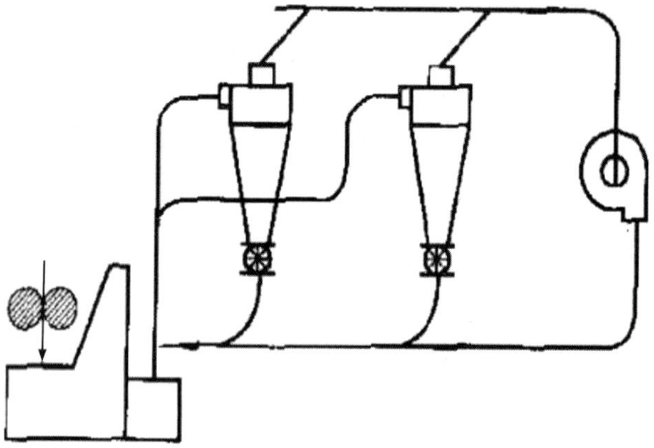

图 4-23　气力输送装置

气力输送装置可分为移动式和固定式两种。一般大型饲料厂宜采用固定式的，小型厂可采用移动式的。气力输送装置的优点是吸料干净，粉尘少，结构简单，操作方便，劳动强度低；缺点是能耗较高。

3. 液体原料的接收

饲料厂接受最多的液体原料是糖蜜和油脂，原料接收之前要检验，主要检测颜色、气味、密度、浓度等，合格后输入贮藏罐中。糖蜜的酸度在 5.5 以上，对钢板几乎没有腐蚀性，但如果有水汽凝结于贮罐内壁则会造成腐蚀，所以罐顶端要放置大口径的通气管。

贮藏罐一般有斜底和锥形底两种，斜底及锥形底主要是为了集中沉积下来的沙杂和水分，使之从最低处排水口排出罐外，而油脂则由略高于底面的管子吸收，以除水污。油脂排出口对斜底罐应高于至少 15 cm，可能时最好 30 cm；对于锥底罐则应设立在高于圆锥部分。

贮罐中一般都设置有加热蛇管，蛇管距罐底 15 cm 为宜，油脂排出口距罐底最好 25 cm，排水口在最低点。油脂中夹带水分从 0.5%增加到 3%时，油脂的氧化加速，质量下降，对罐壁的腐蚀力增强。贮罐一般由普通碳素钢制成，壁厚 3 mm 左右。

油脂使用前应加热至 75～80℃，如用泵循环，可提高加热速度，使加热时间缩短一半。对于内设搅拌器的贮罐要间隙搅动，搅拌器的性能与贮罐的容积有关。正常工作要经常检查，每 3 个月清洗 1 次，以防止沉淀物沉积过多。为了避免混合物料添加油脂后形成脂肪球（粉球），最好在混合机附近设置交换器，给油脂加热，使其保持在 60～90℃ 的范围内，降低油脂的黏性。

4. 饲料原料计量

饲料原料计量常用设备有台秤、自动秤、电子秤、地中衡等。地中衡是可将饲料运输车及其所载饲料原料一同称重的杠杆秤，按结构和功能分为机械式、机电结合式和电子式 3 类，以机械式为最基本型。机械式和机电结合式的秤体安放在地下的基坑里，秤体表面与地面持平。电子式的秤体直接放在地面上或架在浅坑上，秤体表面高于地面，两端带有坡度，可移动使用，又称无基坑汽车衡。

4.4.3　饲料原料的输送设备

在饲料厂从原料到成品的生产过程中的各个工序之间，除部分依靠物料自流外，其余都需采用不同类型的输送设备来完成输送工作，以保证饲料厂生产顺利进行。因此输送机械是饲料厂的重要设备之一。饲料厂常用的输送设备有如下几种：胶带输送机、气垫输送机、刮板输送机、螺旋输送机、斗式提升机、气力输送设备，以及溜管、分配器、风机和关风器等辅助设备。

1. 胶带输送机

胶带输送机（图 4-24）是以输送胶带作为承载、输送物料的主要构件，是饲料厂常用的水平或倾斜的装卸输送机械，它可输送粉状、粒状、块状和袋装物料。优点：结构简单、工作平衡可靠、操作维护方便、噪声小、物料残留量少，在整个长度上都可以装料，输送量大，能耗低。缺点：难以密封，输送粉料时易起粉尘。

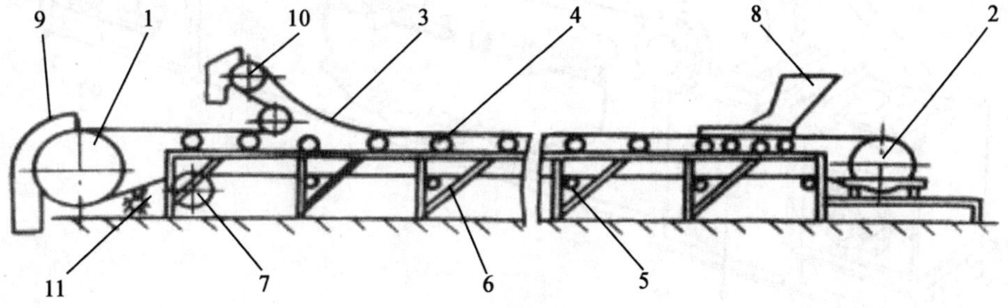

图 4-24　胶带输送机

1. 驱动滚动筒　2. 张紧滚筒　3. 输送带　4. 上托辊　5. 下托辊　6. 机架　7. 导向滚筒　8. 进料斗　9. 卸料装置　10. 卸料小车　11. 清扫装置

胶带输送机的主要组成部分是输送胶带，主要部件是主动滚筒、托辊、加料与卸料机构、张紧装置和传动装置等。输送带通常用橡胶带，一般常用的是普通型和轻型，其规格标准可查国标 HG 2297-1992。由于饲料原料和成品的密度一般小于 1 t/m^3，一般采用轻型橡胶带。在倾斜输送时可采用花纹形橡胶带，其配套的滚筒宽度应比橡胶带的宽度要大 100～200 mm，橡胶带层数一般以3～5层为宜，输送带的长度可达30～40 m，其传动效率可达0.94～0.98。在选用胶带输送机时，主要根据其输送物料性质、生产率、输送距离等要求来选择。

2. 刮板输送机

(1)结构和工作特点　刮板输送机(图4-25，图4-26)是利用装于牵引构件(链条或工程塑料)的刮板沿着固定的料槽拖带物料前进并在开口处卸料的输送设备。它主要由刮板链条、隔板、张紧装置、驱动轮、密封料槽和传动装置等组成。

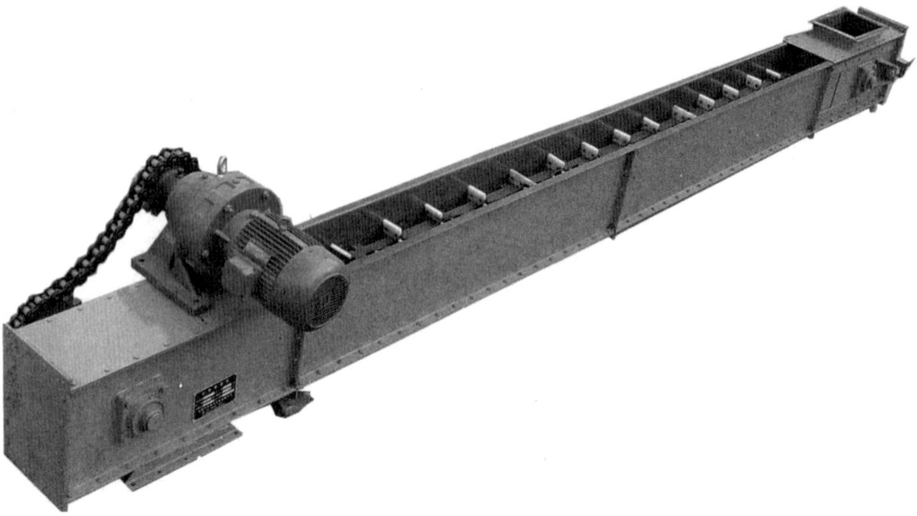

图4-25　刮板输送机

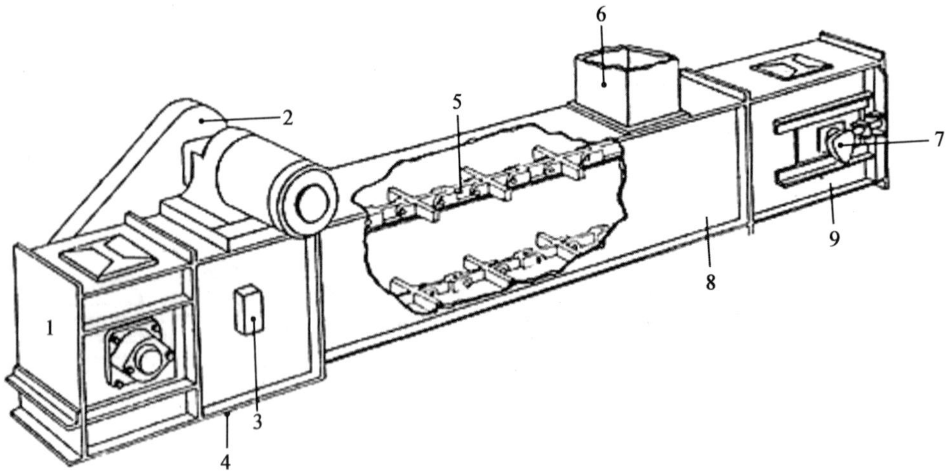

图4-26　刮板输送机结构

1. 头部　2. 驱动装置　3. 堵料探测器　4. 卸料口　5. 刮板链条
6. 加料口　7. 断链指示器　8. 中间段　9. 尾部

刮板输送机适合长距离输送大小均匀的块状、粒状和粉状物料。刮板输送有水平和倾斜两种基本输送形式。按刮板料槽形状分为平槽和U形槽两种：前者主要用于输送粒料，后者为一种残留物自清式连续输送设备，主要用于配合饲料厂和预混合饲料厂输送粉料。

刮板输送机的优点：a. 同胶带输送机相比，它不需要众多的滚动轴承和昂贵的橡胶带，具有结构简单、体积小等优点，其制造、安装、使用和维护都很方便。b. 由于料槽密闭，物料不会飞扬，因而物料损耗少，工人劳动条件好。c. 与输送量相同的其他类型输送机相比，料槽截面积小，占地面积也少，既可多点加料，也可多点卸料（最好一个点卸料）。d. 由于料槽是封闭的箱形，因此刚度大，不需要支承料槽的框架，当跨度大时，只设置简易支承台即可。e. U 形刮板输送机因刮板和料槽为配合的弧形，且用抗磨性强的工程塑料制成，具有噪声低、残留物料极少，且使用寿命长等优点。f. 与螺旋输送机特别是与气力输送机相比，功耗小。刮板输送机的缺点是颗粒料在运送过程中易被挤碎，其破碎率为 3%～5%，或对粉料压实成块引起浮链，料槽与刮板磨损较快。为了安全生产，配置流量控制装置及出口处设置防堵料位器或行程开关。

(2)安装步骤　安装前，仔细检查各部件是否完整。安装前应检查刮板与链条连接是否平整、牢固，链关节转动是否灵活，但严禁涂抹润滑油，以免污染饲料。

组装时，从头部或尾部开始，逐段顺序安装，保证各段机壳连接可靠，密封良好，法兰接口处应保证内壁平直，不允许接口法兰和导轨有上下、左右的错位，保证机械运行时刮板和机壳接口处不发生卡碰现象。机体组装后测定其不直度，校正后，头部应牢固地焊于安装支架上，尾部、中间段机壳和其他节段应适当固定在基础或机架上，以防止输送机在运行时摇动或位移。头轮、尾轮及导轮、托轮必须对中，轮轴应平行，以免刮板链在运行时跑偏。

安装完毕后，应调节张紧装置，保持刮板链有适当的紧度，调整后尚未利用的拉紧行程应小于全行程的 50%，调整时注意使头、尾轮轴保持平行。

(3)操作和维护　刮板输送机必须空车启动（具有重载起动特性的刮板输送机除外），待运转正常后方可加料，加料应均匀，不得过载运行。如无特殊情况，不得负载停车，应将机内物料卸空后才能停车；如满载启动，必须启动几次或适量排除机内物料。

经常检查各传动件，尤其是链条刮板、链轮等构件应保持良好状态，若发现严重磨损或松动，应及时调整、修理或更换。输送机运行时，若发现链条跑偏，可能是机身不直度过大，头、尾轮和导轨不对中，尾轮调节行程不一致等原因，应找出原因排除故障。运行中，严防铁块、大块硬物等混入机槽内，以免损坏机器造成事故。对输送机的轴承部位，应定期添加润滑油（脂），若发现轴承严重损坏或磨损，应及时更换。

3. 螺旋输送机

螺旋输送机（图 4-27，图 4-28）又被称作绞龙，是一种利用螺旋叶片的旋转推动物料沿着料槽运动并卸到要求地点的输送设备。其工作原理是叶片在槽内旋转，使加入料槽的物料由于本身重力及其对料槽的摩擦力的作用，沿着料槽向前移动，完成水平、倾斜和垂直的输送任务。对于高倾角和垂直螺旋输送机，物料靠离心力和对槽壁所产生的摩擦力使其向上运移，完成垂直输送任务。为产生足够的离心力，后者必须具有较高的螺旋转速，故垂直螺旋输送机又叫快速螺旋输送机；而倾斜螺旋输送机的螺旋转速相对较低，被称为慢速螺旋输送机。将螺旋输送机做某些变形，常用作供料装置（螺旋供料器）、搅拌设备（立式混合机的垂直绞龙、卧式混合机的螺带等）、烘干设备、连续加压设备等。

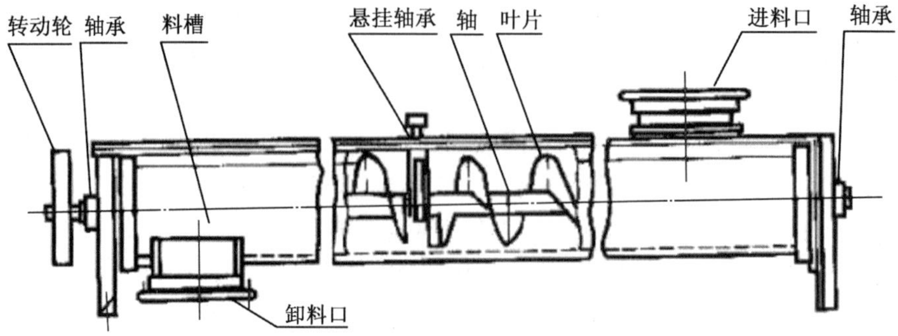

图 4-27　螺旋输送机结构

图 4-28　螺旋输送机

(1)螺旋输送机的优点

● 料槽是封闭的,适用于不易碎的颗粒料和各种粉料的输送。

● 结构紧凑,可以挂在天花板上,也可放在地面上,占用面积小。

● 构造简单,旋转构件和轴承较少,工作可靠,维护操作方便,成本低。

● 能多进料和多卸料,进料和出料的机构简单。

● 物料输送方向是可逆的,一台输送机可以同时向两个方向输送物料,可集向中心或远离中心。

● 在输送过程中可以完成其他工艺(混合、搅拌或冷却等)。

(2)螺旋输送机的缺点

● 由于物料对螺旋及料槽的摩擦和物料的搅拌,使单位功耗较大,同时易引起物料的破碎,一般不能用它来输送易碎的颗粒饲料。

● 对叶片和料槽磨损较快,特别是在快速螺旋输送机中,机壳的维修和叶片的更换较为频繁。

● 对超载较为敏感，进料不均，易造成堵塞现象。

● 不宜输送含纤维多的物料（带有较多秸秆、绳头的大杂物），因这些杂物易在输送过程中缠在螺旋叶片上，使效率降低，甚至发生堵塞。

● 由于螺旋的刚性要求，螺旋输送机不宜长距离的输送，慢速的螺旋输送机一般在 15 m 以下，造价比较便宜，若长度超过 15 m，要考虑用刮板输送机取代。立式快速螺旋输送机的输送高度，一般不超过 5 m，它的生产率原料的接顿清理也不宜过大，一般不超过 100 t/h。

（3）螺旋输送机的使用　螺旋输送机常用于短距离输送物料，输送距离一般在 20 m 以内，也可作倾斜角小于 20°的倾斜输送物料，垂直输送多选用斗式提升机。它适宜输送不怕或不易被破碎的颗粒料和粉料。选用螺旋输送机时，应根据输送物料特性、输送距离、输送量以及工艺要求进行选择。

● 安装形式有悬吊安装和地面安装两种。地面支承安装时场地应平整，地脚螺栓部位应坚实牢靠；悬吊安装时，采用牢固的挂架，机壳距顶部应有一定的空间尺寸高度（要求高度>1.5 倍的螺旋直径），以保证检修的需要。

● 组装机壳时，应按照出厂时各段的标记顺序组装，相邻机壳的内表面接头处错位不应超过 3 mm，机壳连接处应紧密，机壳与机架应垫实。横向水平误差应不大于 2/1 000；机壳内壁与螺旋叶片间两侧的间隙应相等，允许误差为 2 mm，底部的间隙允许误差为 2 mm；头尾轴承座的同轴度误差，因不同机长绝对值有所差异，一般不得超过 1 mm。悬挂轴承应安装在连接轴的中点。

● 为了消除机壳和螺旋轴之间长度的积累误差，安装时允许在机壳的法兰面加垫 1.5～3 mm 厚的橡胶石棉垫片。

● 在整机各段安装调整好，各段机壳的法兰连接螺栓紧固后，再拧紧地脚螺栓。螺旋输送机安装后，用手拨动应能旋转，并检查有无卡壳摩擦现象。

● 安装后应进行 2 h 无载荷试车，如发现震动过大，应查出原因进行调整。

（4）操纵　开机前应先作常规检查，检查紧固件、传动装置等。检查机壳内有无杂质，特别是悬挂轴承处缠绕的纤维杂质。进入机内的物料，应经过清理，除去大块杂质，以保证机器的正常运转。

● 操作时应先开车空运转，后进物料，流量逐步加大，进料适当。

● 经常检查轴承的润滑情况，定期向轴承内注入润滑油脂。

● 机壳的盖子应严密盖好，防止粉尘飞扬和杂质落入。

● 必须将机内物料输送完毕后，方可停车。

● 当输送机长期不用时，应排除机内的全部存料。

4. 斗式提升机

（1）斗式提升机结构特点和分类　斗式提升机（图 4-29）是环绕在驱动轮（头轮）和张紧轮上的环形牵引构件（畚斗带或钢链条）上，每隔一定距离安装一畚斗，通过机头（鼓轮、链轮）驱使而带动牵引构件在提升管中运行，完成物料提升的专用垂直输送设备。机座安有张紧机构（可调），保持牵引构件张紧状态。

图 4-29　斗式提升机

斗式提升机按其安装形式可分为移动式和固定式;以畚斗深浅可分为深斗型和浅斗型;按畚斗底有无又分为有底型和无底型。以牵引构件不同可分为链式和带式;以提升管外形不同分为方形和圆形;按卸料方式的不同可分为离心式卸料、重力式卸料和混合式卸料。

(2)斗式提升机的优点　按垂直方向输送物料,因而占地面积很小,提升物料稳定,提升高且输送量大;在全封闭罩壳内进行工作,不易扬尘。与气力输送相比,其优点是适应性强、省电,能耗仅为气力输送的1/10～1/5。

(3)斗式提升机的缺点　输送物料的种类受到限制,只适用于散粒物料和碎块物料,过载敏感性大,容易堵塞,必须均匀给料。

(4)主要构件　斗式提升机主要构件有畚斗、牵引构件、提升管、机座和机头等。

牵引构件有带式和链式两种,饲料工业常用橡胶带或阻燃高强度橡塑带(畚斗带),其宽度按畚斗宽度而定,为了防止带子跑偏时畚斗与机壳碰撞摩擦,橡胶带应比畚斗宽20～30 mm。橡胶带的连接,一般采用搭接法或胶合法,接头应顺着畚斗带的运动方向。

畚斗是提升机装盛物料的主要构件,常用1 mm薄钢板冲压、焊接或铆接制成。近年来则采用聚丙烯塑料制成,结构轻巧、安全、成本低、能耗少,但耐磨性较差,部分替代金属畚斗主要用于粉状物的提升。现今畚斗的主要形式为深斗,其特征是前壁斜度小,斗口与后壁夹角大(65°),斗深且大,适用于输送散落性好的粒状物料。

(5)提升机的操作与维护

- 开车前常规检查,检查各处螺栓等装置是否完好。
- 必须均匀供料,出料管应畅通无阻。
- 严防大块异物、麻绳等杂物进入机内而影响提升机正常运行。
- 定期检查畚斗与畚斗带连接是否牢固。
- 不定期地操作机座上的张紧手轮,纠正畚斗带跑偏。
- 若发现突然停机情况,再开机时必须将提升机内存物料排出。
- 关闭停车时,应先停止进料,再继续运行1 min以上,以便将机内存料运空。
- 定期检查润滑部位,及时加注润滑油或润滑脂。

(6)选型

- 根据生产要求的提升物料量来选用与之相应的斗式提升机。
- 根据生产工艺流程,确定物料提升高度,根据提升高度确定提升机的全高。
- 根据被输送物料特性,进行斗式提升机功率计算,选用配套电动机。

第5章
猪舍环境控制设备与装备

本章内容提要

猪舍环境(主要指小气候因素)直接影响着养猪的生产水平。这些小气候因素包括温度、湿度、气流、热辐射、光照、有害气体、粉尘、微生物、噪声等。其中,由温度、湿度、气流、辐射组成的热环境直接影响猪体热调节,进而影响猪群的生产性能。温度是影响猪群生产性能的主要因素,猪舍的供暖、通风、降温等措施有利于猪舍温度处于猪群适宜的温度范围。通过本章的学习,了解猪舍的环境控制系统、环境控制参数、供暖设备及能源、通风与空气过滤设备和降温设备等,以便为猪场环境控制方式提供参考意见。

5.1 猪舍环境控制参数

5.1.1 猪舍温度控制参数

环境温度是影响猪群生产性能的首要温热因素。猪的生产潜力只有在适宜的外界温度条件下才能充分发挥,因此在养猪生产管理中,应有效控制舍内环境温度,以达到最佳生产效率。美国爱荷华州立大学 Jay D. Harmon, et al. (1995)研究总结了不同日龄猪的最佳环境温度,见表 5-1。

表 5-1 不同日龄猪最佳温度范围(Harmon J D and Xin H,1995)

猪日龄/周	体重/kg	最低温度/℃	最高温度/℃
出生		32.2	35.0
3	5.4	30.0	31.1
4	7.3	28.9	31.1
5	9.1	28.3	30.0
6	10.9	26.7	30.0
7	13.6	25.6	28.9
8	17.3	24.4	28.9
9	20.9	22.8	27.8
10	25.4	21.1	27.8
11	30.9	20.0	26.7
12	36.3	18.9	26.7
13	41.8	17.8	26.7
14	47.2	16.7	26.7
15	52.7	15.6	26.7
16	58.1	14.4	26.7
17	64.0	13.3	26.7
18	70.4	13.3	26.7
19	77.6	13.3	26.7
20	84.9	12.2	26.7
22	97.6	12.2	26.7
24	109.0	11.1	26.7
26	118.0	11.1	26.7
哺乳母猪		15.6	23.9
妊娠母猪		12.8	26.7
公猪		12.8	23.9

中国《规模猪场环境参数及环境管理》(GB/T 17824.3-2008)对猪舍内空气温度和相对湿度的规定见表5-2。

表 5-2　猪舍内空气温度和相对湿度(GB/T 17824.3-2008)

种类	空气温度/℃			相对湿度/%		
	舒适范围	高临界	低临界	舒适范围	高临界	低临界
种公猪舍	15～20	25	13	60～70	85	50
空怀妊娠母猪舍	15～20	27	13	60～70	85	50
哺乳母猪舍	18～22	27	16	60～70	80	50
哺乳仔猪保温箱	28～32	35	27	60～70	80	50
保育猪舍	20～25	28	16	60～70	80	50
生长育肥猪舍	15～23	27	13	65～75	85	50

适宜温度的具体范围，除了由猪的品种、日龄、生理状态决定外，也受到畜舍地面类型、湿度、气流速度、饲养管理、气候条件等诸多因素的影响，其中，地面类型对猪的实感温度(有效温度)影响较大。研究发现，10 cm 厚的垫草地面能够使猪的实感温度(有效温度)提高 4℃左右，多孔涂层地面能使实感温度(有效温度)提高 5℃左右，实板条地面则会使有效温度降低 5～10℃。地面温度对猪实感温度(有效温度)的影响以仔猪最为明显(Verstegen M. W. A, Aarnink A. J. A. 和 Huynh T. T. T. 等，2004)。在不同的湿度下，猪的舒适温度范围也不同，如对于生长育肥猪，在相对湿度为 40%时，28℃为其热应激危险值，但是当相对湿度变为 90%时，26℃即为热应激危险值。

在生产管理中，为了缓解环境温度对猪群生长的不利影响，通常冬季在产房和保育猪舍应做好防寒保暖和供暖工作，炎热的夏季应对育肥猪舍和繁殖猪舍进行降温，任何季节，猪舍均要通风。

5.1.2　猪舍通风参数

在猪舍建造中，温度与通风是密不可分的，猪舍通风量的大小将直接影响舍内环境温度(张秋亭，赵婉莹和刘继军等，2016)。炎热的夏季，通风有助于猪体散热，对猪的健康和生产性能产生有利影响；冬季，气流会增加猪体散热量，从而加剧了冷应激。20 世纪 80 年代，美国的一些大学及农业部门的相关专家学者编著的 *Midwest Plan Service Structures and Environment Handbook*(1983)一书给出了不同季节各个阶段猪群所需的适宜通风量大小推荐值见表 5-3；中国 GB/T 17824.3-2008《规模猪场环境参数及环境管理》对通风量和风速参数的推荐值见表 5-4；Seedorf J. 等(1998)对部分北欧国家的不同猪舍的通风量推荐值见表 5-5。

表5-3 美国猪舍不同季节通风量推荐值(*Structures and environment handbook*,1983)

猪群	体重/kg	通风量[m^3/(h・头)]		
		冬季	春秋季	夏季
成母猪和产仔母猪	181.6	34	136	850
断奶仔猪	5.4~13.6	3.4	17	42.5
保育猪	13.6~34.1	5.1	25.5	59.5
育成猪	34.1~68.1	11.9	40.8	127.5
育肥猪	68.1~100	17	59.5	204
妊娠母猪	147.6	20.4	68	255
公猪	181.6	23.8	85	510

表5-4 中国猪舍不同季节通风量和风速(GB/T 17824.3-2008)

猪群	通风量/[m^3/(h・kg)]			风速/(m/s)	
	冬季	春秋季	夏季	冬季	夏季
种公猪	0.35	0.55	0.70	0.30	1.00
空怀妊娠母猪	0.30	0.45	0.60	0.30	1.00
哺乳猪	0.30	0.45	0.60	0.15	0.40
保育猪	0.30	0.45	0.60	0.20	0.60
生长育肥猪	0.35	0.50	0.65	0.30	1.00

表5-5 北欧不同猪舍不同季节通风量的推荐值(Seedorf J.,Hartung J.,Schröder M. et al.,1998)

猪群	体重/kg	通风量/[m^3/(h・500 kg)]	
		冬季最小值	夏季最大值
育肥猪	200	50	500
断奶仔猪	20	100	1 000
妊娠猪	100	50	500

由表5-3、表5-4和表5-5可知,不同阶段猪中国、美国、欧洲国家的冬季、夏季通风量都不同。猪舍内通风量大小直接决定了猪舍内各种有害气体和粉尘颗粒的浓度。通风量不足,会导致猪舍内有害气体和粉尘颗粒浓度过高,影响猪群的健康。猪舍内主要的有害气体是氨气,氨气浓度过高时,可降低黏膜清除系统的功能,使动物容易感染呼吸道疾病。粉尘颗粒主要是通过进入动物的呼吸系统来影响健康的,长期浓度过高甚至会导致动物死亡。冬季温度较低时,猪舍需要调节合适的通风量。当通风量较高时,维持舍内温度所需的热量必然较高,整栋猪舍的耗能也高。中国不同阶段猪、不同季节通风量、不同清粪与养殖工艺和饲养管理方式下的环境适宜参数尚需要进一步研究。

5.2 供暖设备

5.2.1 仔猪特殊生理状况

初生仔猪毛稀皮薄，皮下脂肪少，消化器官和造血器官发育不够成熟，对环境的适应能力很差，对冷和湿特别敏感(朱尚雄，1988)。当猪舍内温度低于仔猪所需要的温度时，仔猪便会紧靠母猪腹部或者互相挤卧，因而容易发生母猪压死仔猪的现象。所以初生仔猪死亡率一般高达 20%～25%，绝大多数死亡诱因为出生后受冻、受压。为了提高仔猪成活率和猪场的生产效益，对初生仔猪的必要保暖措施必不可少。适宜的温度可以促进哺乳仔猪提早开食，增强采食能力，有利于仔猪健康生长。初生仔猪免疫力低，抗病力弱。适当的温度调控对提高仔猪成活率有很大帮助(陈腾捷，李活水和黄梓梁，1992)，低温能降低仔猪的抵抗力，适宜的温度则能够降低疾病的发生。

对于出生头 3 d 的仔猪适宜的局部温度为 32～35℃，同时减小贼风、保证良好的通风也很必要，而母猪舍内温度一般以 18～22℃为宜，有垫草的母猪舍温度可以维持在 16℃。初生仔猪局部位置越是能保证足够温暖和洁净，仔猪越能尽快找到躺卧区和增加存活的概率。饲养管理员需要降低仔猪热量流失以维持其体温。因此很有必要为仔猪提供热源，创造一个适宜的温暖环境，使仔猪尽量在某一特定区域活动，以减少仔猪被母猪挤压的概率，通常可以采取局部供暖的方法。保育仔猪适宜的舍内温度为 20～25℃。

一般北方地区的哺乳猪舍和保育猪舍在常见的围护结构保温状况、饲养密度和通风情况下，为给仔猪提供适宜的温度，冬季均需要供暖。妊娠猪舍、育肥猪舍和哺乳猪舍若要维持冬季适宜的舍温，寒冷地区和严寒地区也需要供暖。气候温暖的地区或者寒冷地区有些猪场以猪显热产热量和较低的通风量为前提，冬季不对妊娠猪舍和育肥猪舍供暖。是否需要供暖，在不考虑动物福利的前提下，主要需要猪场从供暖的成本与猪舍温度升高节省的饲料、生产性能改善及猪的健康方面综合考虑。

5.2.2 供暖方法

供暖方法有加热灯照射、电加热垫、地暖、风机盘管、翅片管散热器和暖气片供暖方法或者几种方法的综合(温倩，2014)。以下对几种方法进行介绍。

1. 加热灯加热

为给分娩栏的仔猪局部加热，常用红外线加热灯(图 5-1)。加热灯传统上通过辐射加热，额外提供热源。这种灯外面有一个耐用的金属外罩，外罩内部有保护作用的金属丝，环绕在红外线灯泡周围。一般要求加热灯可以移动，在母猪产仔时加热灯放置在母猪尾部位置，仔猪出生后可以固定在仔猪保温箱的特定位置，为仔猪创造一个温暖的环境。红外线的照射，不仅对仔猪体表加热，而且能穿透皮层，促进新陈代谢。在温度较低的畜舍，给仔猪区加热可用 250 W、175 W 和 150 W 等灯泡。加热灯的放置方法见图 5-1 和图 5-2。

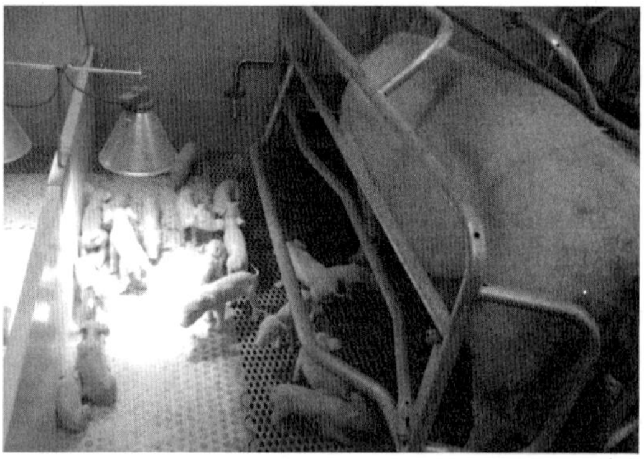

图 5-1　仔猪局部加热用加热灯(无盖板)

图 5-2　仔猪局部加热用加热灯(带盖板)

由于加热灯是一个潜在的火源，安装和使用应特别加以注意。灯应挂在链上，以防止在灯松脱或电线断裂情况下灯落在猪床上。电线的长度应比地板至天花板的高度少 30 cm。加热灯应安装在仔猪区以上 50 cm 处。在中国，加热灯一般配置仔猪保温箱。仔猪需要的局部温度随着日龄的升高应逐渐降低。仔猪保温箱增加温度调控措施可以节约加热灯电能约 21.7%(刘芳，吴中红和王美芝等，2009)。

由于仔猪体弱，平衡体热的机能还未发育健全，对仔猪实行局部供热情况下要特别注意防止发生贼风的问题。

加热灯的不足之处就是灯泡使用寿命一般较短，在 1 000 h 左右，因此哺乳期间需要经常更换。由于这种灯在使用过程中的损耗，如果晚上饲养员不在的情况下灯泡坏掉，这意味着仔猪会在未加热升温的环境下生活数个小时，这常会引发仔猪一系列健康问题，甚至会受寒死亡。但加热灯是所有可用装置中成本最低的，除此之外，加热灯接通简单，可以便利地安装在栏舍之中。

2. 加热垫加热

除了使用加热灯，额外加热也可使用加热垫(图 5-3)。随着温度的升高，加热垫中的缝隙会防止温度聚积，这使加热垫的温度维持在一个恒定区域。加热垫主要用电加热，电加热垫可以在水泥地面或者板条地面上使用。这些产品必须经久耐用，卫生、耐热且易清洗。制造商根据哺乳箱形状以及每窝仔猪数制作大小不一的加热垫。不同两窝仔猪数若需使用同样大小的加热垫，需稍微调整仔猪数。加热垫面积足够大，热量分布均匀，仔猪就不会窝在一堆。许多加热垫有可选择的恒温控制(朱尚雄，1988)，饲养管理员可根据仔猪周龄增长逐渐下调温度。

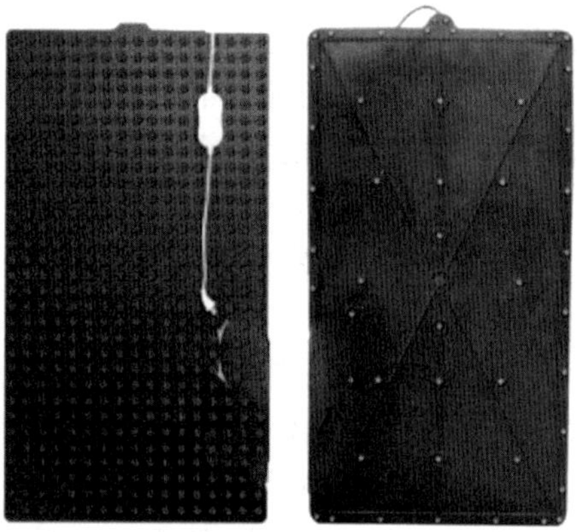

图 5-3　电加热垫

加热垫的优点是能量有效性高。和加热灯相比，加热垫耗电量至少降低 50%。因此，尽管安装加热垫的造价较高，但整个过程使用下来加热垫耗费电量要少得多。此外，加热垫还有一个优点就是使用寿命长达 15 年，还没有哪一种加热灯泡可取代它。加热垫的缺点就是它无法固定在任何一种基底材料上。

在仔猪出生第1周保持一个适宜的生活环境，对仔猪生产健康及断奶非常有必要。任何条件下仔猪饲养都需要额外加热，最关键的是要找到适宜的方法。最初的花费可能比较多，但是可以在后期过程中节约出来，这也是完全值得的。每种设备的效率需要考虑。加热垫和地暖在节约用电方面比较占优势。除了这几种方法，在产仔和最初几天可用加热灯。猪舍正在更新换代，不管是改善猪舍的实用性还是修建新栏舍都要仔细考虑加热方法。正确评估改变仔猪供暖方法对提高生产效率的作用，会使每个饲养场都受益匪浅。

3. 地暖加热

地暖加热是给仔猪提供温暖而干燥的地板，因而可以免去或少用铺草。在一般情况下，地暖加热应当是可以调节的。仔猪舍地面温度为30～35℃；分娩猪舍地面温度约为35℃；其他猪地面温度以25～30℃为宜。地面供暖可以采用热水地暖，也可以采用加热电缆。

一种地暖是热水地暖(参照图5-4)。其施工做法为(从上至下)：

- 20 mm厚1∶2.5水泥砂浆；
- 水泥浆一道(内掺建筑胶)；
- 60 mm厚细石混凝土(上下配置Φ3@50钢丝网片，中间配置散热管，上层网系防止地面开裂用，下层网系固定热水管用，固定时用绑扎或专用塑料卡具)；
- 散热管Φ20 mm@200 mm；
- 0.2 mm厚真空镀铝聚酯薄膜(铝箔)；
- 40 mm厚挤塑板(保温层密度大于20 kg/m^3)；
- 1.5 mm厚聚氨酯防潮层；
- 20 mm厚1∶3水泥砂浆找平层；
- 约250 mm厚C15混凝土垫层(保育仔猪高床时选用)；
- 猪舍原有地面或基层。

图5-4 保育猪地暖(水暖)

另一种地暖方法是电地暖。电热地暖加热的特点是加热均匀，能够贮热，但起动时间长。电热可以避免冻结问题，而且也容易实现单栏控制。

根据中华人民共和国行业标准《辐射供暖供冷技术规程》(JGJ 142-2012)，在地暖铺设过程中，金属网网眼不应大于100 mm×100 mm，金属直径不应小于1.0 mm，每隔300 mm将加热电缆固定在金属网上。当铺设间距等于 50 mm，且加热电缆连续供暖时，加热电缆的线功率不宜大于 17 W/m。当铺设间距大于 50 mm 时，加热电缆线功率不宜大于 20 W/m。在实际施工过程中，所选行业标准电缆线功率为 18 W/m，铺设间距为 70 mm，施工参照《细石混凝土地面施工工艺标准》(704-1996)。一般建议电地暖的温度探头埋置在水泥地面内，距离水泥地面表面 25.4 mm，距离加热电缆 50.8 mm。有了温度探头，配置上温控器就可以对电地暖进行温度控制。电地暖施工如图 5-5 所示。

图 5-5　保育猪地暖(电地暖)

4. 仔猪覆盖区

覆盖区可以给仔猪们提供温暖的区域，如仔猪保温箱和仔猪局部顶板，如图 5-6 所示。

图 5-6　仔猪保温箱和仔猪区覆盖顶板

塑料或者木质覆盖物市场可以买到。覆盖范围根据设计要求决定，可以只有顶部这一面，也可以包括顶部和侧面。所用的材料需仔细考虑。让仔猪待在覆盖物之下，可以保护仔猪不遭贼风吹，但是为防止呼吸问题，通风设备也必须考虑。保持覆盖物的干净也是一个问题，因此需花更多时间在每一个栏舍上。

5. 风机盘管、翅片管散热器和暖气片

猪舍内供暖方式还有风机盘管、翅片管和普通暖气片供暖方式，如图 5-7 所示，在配置各种末端供暖设备时，需查询各种末端供暖设备的详细参数并结合猪舍理论热负荷配置。

图 5-7　风机盘管供暖和翅片管散热器供暖

5.3　供暖能源

2017 年中国发布的《京津冀及周边地区 2017 年大气污染防治工作方案》将北京市、天津市、石家庄等“2＋26”城市列为北方地区冬季清洁取暖规划首批实施范围，这些地区将禁止燃煤供暖，猪场也需禁煤供暖。因为目前燃煤供暖仍为比较便宜的能源，在非禁煤地区的猪场，还是以燃煤供暖为主，而在禁煤供暖的地区，将需要煤改电或者煤改气供暖等。

5.3.1　煤改电供暖

煤改电供暖主要包括空气源热泵供暖，土壤源热泵供暖，水源热泵供暖和太阳能联合电供暖、直接电供暖等。

1. 空气源热泵供暖

空气源热泵是根据逆卡诺循环原理工作的。热泵系统是通过电能驱动压缩机做功，利用空气中的热量作为低温热源，使吸热工质产生循环相变，经过系统中的冷凝器或蒸发器进行热交换，将能量提取或释放到水中的一个循环过程。众所周知，空气源热泵受环境温度、气候的影响大，随着温度的降低，机组制热量随之衰减，尤其是北方冬季极端恶劣天气。但空气源热泵的技术也在不断提升和改进，在普通空气源热泵的基础上增加了“喷气增焓”系统，在环境温度大幅下降时制热量衰减极小，充分保证制热效果。机组在零下 25℃ 可以正常运行，能效比高达 2.0 以上，此机组称为“超低温空气源热泵机组”。空气源热泵具有安装、拆卸简单，以及直接安装在室外不需要配置设备房等优点，在北方地区供暖中得以大面积使用。为提高使用效率，在使用空气源热泵对猪舍供暖时需要提前了解空气源热泵的特性及运行控制方法。

空气源热泵采暖系统一般采用空气源热泵机组＋地暖方式。其整套系统包括：空气源热泵主机、蓄热水箱、水处理系统、电控系统、循环系统、连接管路及室内地暖管部分。也可以将地暖变更为风机盘管，但是风机盘管供暖时舍内设计温度应较地暖供暖设计舍内温度提高 2℃。空气源热泵机组从其用途区分，有热水机、冷暖机、采暖机、制冷机。图 5-8 为冷暖两用机和采暖机。

图 5-8　冷暖两用和单独供暖用空气源热泵

供暖设计时空气源热泵的选取按照猪舍热负荷，选择供暖地区设计供暖室外温度时空气源热泵的制热量，如北京地区设计供暖室外温度－7.6℃，可以选择空气源热泵工况干球温度为－7℃（A－7℃　A－8℃/W9～55℃）时的制热量：型号 WBC-19.5H-A-S(BC-L1)，制热量11.2 kW/台；或者型号 WBC-39.5H-A-S(BC-L1)，制热量为 22.5 kW/台。表 5-6 为超低温空气源热泵机组参数。

表 5-6　超低温空气源热泵机组参数

产品型号		单位	WBC-19.5H-A-S(BC-L1)	WBC-39.5H-A-S(BC-L1)
型号说明		匹	5	10
A20℃ A15℃ W15～55℃	制热量	kW	19.5	39.5
	输入功率	kW	4.51	9.08
	输入电流	A	7.52	15.13
	COP 能效比		4.32	4.55
A7℃ A6℃ W9～55℃	制热量	kW	15.5	30.5
	输入功率	kW	4.36	9.01
	输入电流	A	7.27	15.02
	COP 能效比		3.55	3.38
A2℃ A1℃ W9～55℃	制热量	kW	14.5	29.0
	输入功率	kW	4.25	8.66
	输入电流	A	7.09	14.43
	COP 能效比		3.41	3.35

续表 5-6

产品型号		单位	WBC-19.5H-A-S(BC-L1)	WBC-39.5H-A-S(BC-L1)
型号说明		匹	5	10
A−7℃ A−8℃ W9～55℃	制 热 量	kW	11.2	22.5
	输入功率	kW	4.04	8.30
	输入电流	A	6.73	13.84
	COP 能效比		2.78	2.71
A−15℃ A−16℃ W9～55℃	制 热 量	kW	10.1	16.1
	输入功率	kW	4.72	7.96
	输入电流	A	7.86	13.27
	COP 能效比		2.15	2.02
最大输入功率		kW	6.8	13.6
最大输入电流		A	11.3	22.7
电源		V/ph/Hz	380 V/3 ph/50 Hz	380 V/3 ph/50 Hz
环境温度		℃	−25～45	−25～45
循环水量(温差 5℃)		m^3/h	3.35	6.80
额定产水量		L/H	420	850
水侧压力损失		kPa	40	80
额定出水温度		℃	55	55
最高出水温度		℃	60	60
水管接口		inch	G1″	G1.5″
水泵数量		台	无	无
压缩机数量		台	1	2
风机数量		台	1	2
噪声		dB(A)	60	65
主机尺寸($L/W/H$)		mm	820/820/1 160	1570/820/1 350
包装尺寸($L/W/H$)		mm	840/840/1 275	1590/840/1 465
净重/毛重		kg	140/154	275/305

注:1.以上参数为标准工况:干球温度 20℃,湿球温度 15℃,进水温度 15℃,热水温度 55℃时测得;2.本产品适用于−25～45℃的环境温度下使用。3.机型、参数、性能会随着产品的改良有所改变,具体参数以产品铭牌为准。

2. 地源热泵供暖

地源热泵供暖分为土壤源热泵和水源热泵供暖。这两种供暖方式的机组均为热泵机组，热泵工作原理与空气源热泵类似。但是土壤源热泵和水源热泵的能源来源分别为少量电力驱动地从土壤和水中获取的更多的能量。地源热泵机组见图5-9。

图5-9　地源热泵机组

3. 太阳能联合电供暖

太阳能供暖是减少化石能源消耗最有效的方法之一。与直接电供暖方式相比，太阳能辅助供暖可以不同程度地降低供暖运行成本（易路，吴中红和刘继军等，2017），大多数研究是太阳能辅助其他清洁能源供暖。目前有猪场采用太阳能联合燃煤供暖、太阳能联合电供暖和太阳能联合地源热泵或空气源热泵供暖。图5-10为太阳能联合燃煤供暖和联合电供暖。

图5-10　太阳能辅助其他能源供暖

5.3.2　液化天然气供暖

液化天然气(liquefied natural gas,LNG)为压力 0.1 MPa、温度－162℃条件下液化的天然气,主要由甲烷(含量为 90%～98%)及少量的乙烷、丙烷、丁烷及氮气等气体组成,其体积是气态时体积的 1/600,密度为 426 kg/m^3,燃点为 650℃,爆炸极限为 5%～15%。一般情况下,1 t LNG 体积约为 2.19 m^3,气化后体积 1 470 m^3。不同厂家 LNG 的气化率不同,一般 1 kg 气化率为 1.2～1.5 m^3,1 kg 的 LNG 的燃烧热值约为 50 MJ。

猪场一般分布在远离城市的地区,城市管道天然气难于达到,如果需要使用天然气,需要使用液化的天然气。LNG 可以大大节约储运空间,可以为猪场提供能源供给。它的优点在于:储存效率高、占地少、使用方便;有利于环境保护,减少城市污染排放,是一种清洁燃料。随着我国对各种能源需求的不断增长,使用 LNG 将对能源结构起到优化作用,可解决能源在生态环保和安全供应上的突出问题。

LNG 供暖时,一般需要配置燃气锅炉。2015 年北京市发布的《锅炉大气污染物排放标准》(DB 11/139-2015)规定自实施之日起至 2017 年 3 月 31 日,新建的锅炉氮氧化物排放必须低于 80 mg/m^3,在用的必须低于 150 mg/m^3;自 2017 年 4 月 1 日起,新建锅炉必须低于 30 mg/m^3,在用的必须低于 80 mg/m^3。

当储罐小于 2×10^4 m^3 时,LNG 储罐材料用金属罐。储罐的内壁材料一般选用耐低温的金属,目前多采用 9%镍钢、铝合金或不锈钢,外壁材料为不耐低温的碳钢。储罐一般需在四周建造防火(溢)堤,以便在液化天然气泄漏时控制其扩散。

一般大规模猪场使用的 LNG 供暖方式系统见图 5-11。

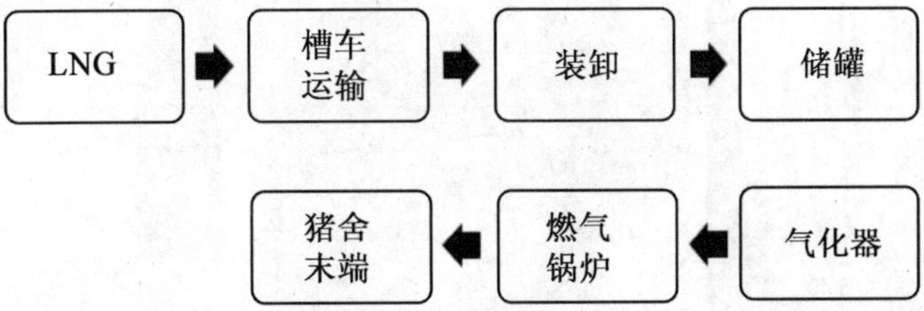

图 5-11　大规模猪场 LNG 供暖系统图

大规模猪场 LNG 储罐和 LNG 供应有两种模式:a. LNG 储罐和 LNG 的供应分别为不同厂家,储罐投资、LNG 按照当时购买的吨位收费。b. LNG 储罐和 LNG 供应为同一厂家,按 LNG 或者气体计量收费。1 槽车 LNG 约 20 t。大规模猪场的 LNG 供暖储罐和气化器见图 5-12。

小规模猪场使用 LNG 供暖时,LNG 供应商经常使用自己的小容量罐子运输给猪场,罐子内的 LNG 用完后,供应商再给更换装有 LNG 的罐子。小规模猪场 LNG 供暖系统见图 5-13。

小规模猪场 LNG 瓶装规格:每瓶 80 kg 左右、200 kg 左右,LNG 气化后按照计量表收费。小规模猪场的 LNG 气化器、计量表和燃气锅炉见图 5-14。气化器接小的 LNG 罐子,非供暖季节,小的 LNG 储气罐由供应商撤走。

图 5-12　大规模猪场的 LNG 供暖储罐和气化器

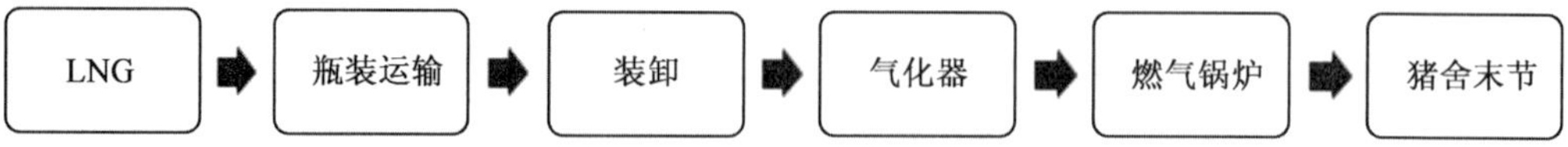

图 5-13　小规模猪场 LNG 供暖系统图

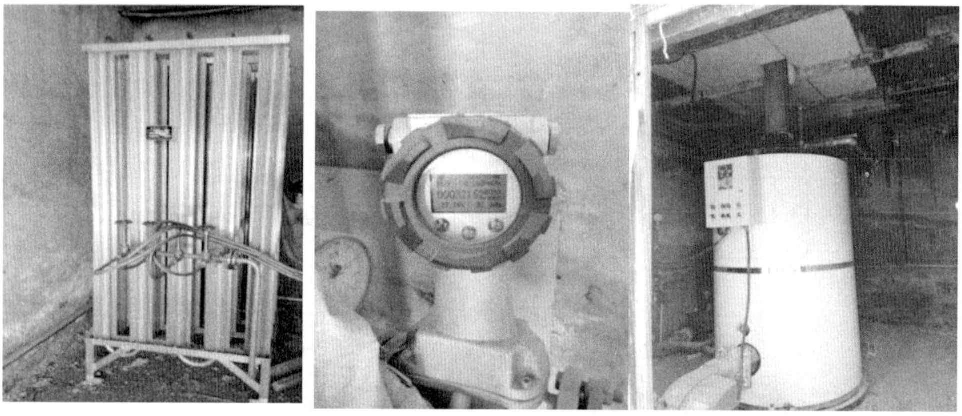

A　　B　　C

图 5-14　小规模猪场 LNG 供暖气化器(A)、计量表(B)和燃气锅(C)

5.4　通风与空气过滤设备

猪舍的通风换气是影响猪只生产性能和养殖场的经济效益的关键因素。猪舍在构造上必须提供空气持续交换的条件:一是为猪提供新鲜空气;二是排出气体的同时带出过量的二氧化碳、水蒸气以及其他有害气体,即为通风的过程(刘启文和安国邦,1981)。

猪只在不断吸进新鲜空气的同时,会呼出二氧化碳、水蒸气等废气,还会通过其皮肤不断散发热量。同时,随着舍内的粪尿的不断集聚,会释放出氨、硫化氢等有害气体。因此,如果不对猪舍采取一系列通风措施的话,会使猪舍小气候变差,严重影响猪的生产性能,而通风换气具有在高温地区或高温季节通过加大气流促进畜体的散热使其感到舒适，以缓和高温对家畜的不良影响的作用；也可以排除畜舍中的污浊空气、尘埃、微生物和有毒有害气体，防止畜舍内潮湿，保障舍内空气清新。在畜舍密闭的情况下这些作用更为明显（王美芝，吴中红和刘继军等，2016）。在持续进行通风过程中，舍内和舍外还进行热量交换，因此也要平衡好寒冷地区保暖和通风的矛盾。

5.4.1　常见通风方式

我国猪舍的建筑形式（密闭式、开放式和有窗式）和通风方式因地区、气候条件的不同而多种多样。按照通风的动力，可分为自然通风和机械通风。机械通风又可分为正压通风、负压通风和零压通风三种（司建林，王云龙和李洪发，1993）。按照舍内气流组织方向，又可分为横向通风和纵向通风两种。横向通风的气流与畜舍长轴垂直，纵向通风气流和畜舍长轴平行。一般密闭式畜舍都采用机械通风，开放式和有窗式大多采用自然通风。北方寒冷地区猪舍多为有窗式，长江流域的猪场繁殖舍采用有窗式，其他舍多为开放式，我国南方如湘、粤、海南等地各种猪舍一般都采用开放式。

研究表明，采用猪舍人工调控通风的方式和利用猪舍自身的建筑结构通风相比，前者对肥育猪场环境状况的影响更为显著（耿爱莲，李艳茶和李保明等，2007），尤其是舍内 NH_3、CO_2 浓度变化显著。不论夏季还是冬季都建议打开窗户通风（罗继杰，1990），这种方式虽然不利于冬季舍内温度的累积，但舍内相对湿度、NH_3 和 CO_2 浓度显著下降，有利于提高动物的生产性能和改善动物健康状况。

1. 自然通风

通风原理：自然通风（图 5-15）又称为重力通风或管道通风，是指依靠自然界的风压或热压促使空气流动，同时通过畜舍外围护结构的空隙进行的空气交换。其原理是，舍内空气温度高于舍外空气，所以其密度小于舍外空气，因而具有向上运动的浮力。舍内温热空气在浮力的作用下，向上经排气管道排出，新鲜空气经进气口进入舍内以补充废气的排出。在冬季，由于舍内外温差是一年中最大的，通风能力也最大，为了保证舍内温度的保持，要求的换气量是一年中最小的，因此须设置调节挡板进行调节。这个方式的缺点是受舍内外气温条件变化的影

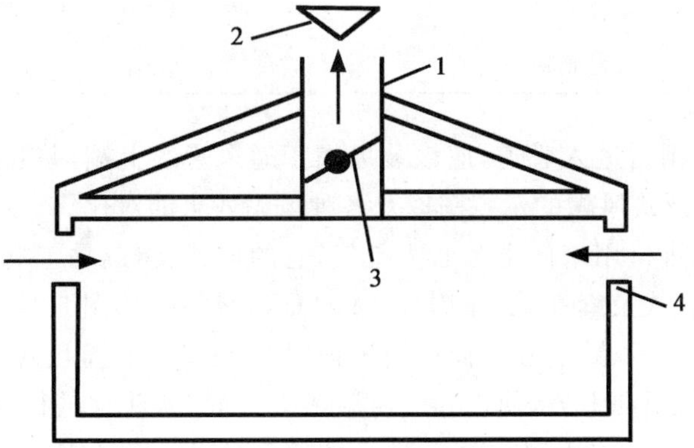

图 5-15　装有通风管道的自然通风

1. 排气管道　2. 风帽　3. 调节挡板　4. 进气口

响较大，不能很好地满足家畜换气量的要求，特别是在舍内密集饲养情况下，更难以满足通风换气要求。只要有风，就有自然通风现象。风压通风量的大小，取决于风向角、风速、进风口和排风口的面积；舍内气流分布取决于进风口的形状、位置及分布等。

自然通风常用设备如下：

• 通风管：通风管断面有正方形或圆形。正方形的每边宽度应不小于 500～600 mm；圆形的直径不小于 500 mm。为了防止因风力过大而不能进行有效的通风，风管一般要高出房脊 0.5 m 以上；为防止水汽在管道上部冷凝造成结冰或滴水，在管道外面缠以草绳、毛毡一类隔热材料；或者砌成双层管壁，在壁间填以炉灰渣、锯末等保温材料。管道最好设置在畜舍最高处或离进气口最远的地方，也可考虑设置在粪便通道附近，以便排出污浊空气。

通风管道的总断面积可按下式计算：

$$S=\frac{W}{3\ 600V}$$

式中：S—所有风管的总断面积，m^2；

W—猪舍每小时的换气量，m^3/h；

V—空气通过管道的流动速度，m/s。

通风管的数目：

$$n=\frac{S}{a}$$

式中：a——一个通风管的断面积，m^2。

对于不同的猪群和饲养密度而言，通风管的总断面积不同，可参考表 5-7 当中的经验数值。

表 5-7　通风管的总断面积

猪只种类/只	面积/cm^2
母猪	150～175
断奶仔猪	25～40
育成猪	45～60
育肥猪	85

• 风帽：为了防止雨雪进入管道，应该装风帽于通风管的上端，并起阻止强风妨碍排气的作用。图 5-16 为 4 种形式风帽的示意图以及各种风帽效果的对比。

• 空气进口：空气进口用来向畜舍通入空气，它的位置、构造是影响自然通风效果的关键因素。空气进口有通孔式及缝孔式（崔引安，1994）两种形式，如图 5-17 所示。通孔式空气进口[图 5-17(a)]设在窗间的墙上，在外面有挡风护罩 1，在里面有盖板式活门 2。活门的作用，一方面将进来的冷空气引向上方，使之和舍内温热空气混合，并且进行预热，因而避免家畜直接接触冷空气而患病；另一方面可以调节进入的空气体积。每个通孔式进气口面积不大于 400～450 cm^2。缝孔式空气进口[图 5-17(b)]由设在天棚和纵墙接合处的开口 1 和天棚上的缝孔空气进口 2 组成。在建造畜舍时，应预先留出开口。新鲜空气由开口或天窗进入天棚上

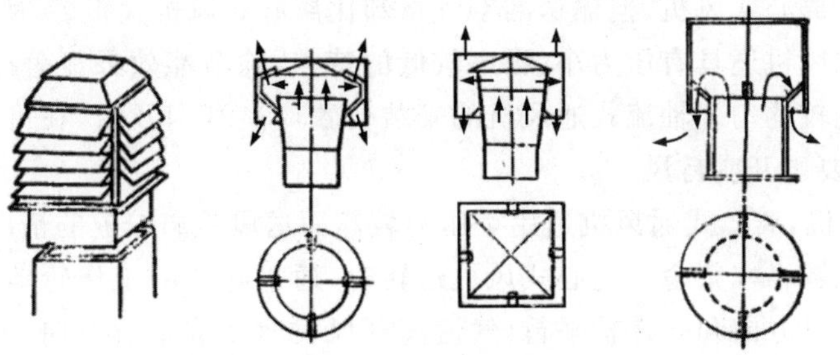

a　　b　　c　　d

图 5-16　各种形式的风帽

a. 百叶窗式：百叶窗式风帽构造简单，缺点是在冬季容易被冰雪堵塞；b. 圆形：通风效果良好；
c. 方形：通风效果良好；d. 罩式：下边缘伸至管道口以下 3～5 cm，
起到很好的挡风及防雨雪的作用。

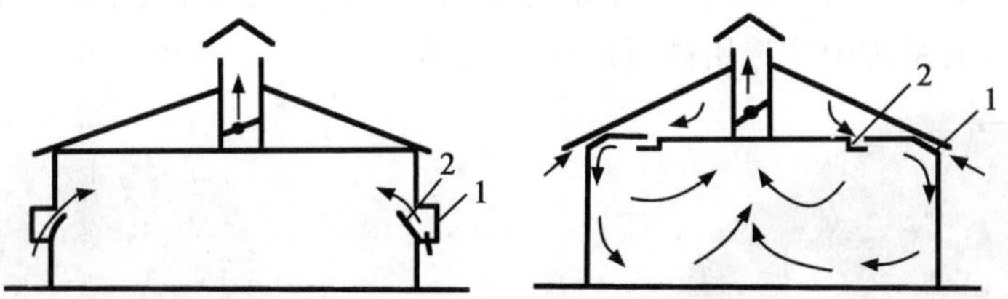

a　　b

图 5-17　自然通风设备空气进口形式

a. 通孔式：1. 挡风护罩　2. 活门；b. 缝孔式：1. 开口　2. 缝孔。

面的空间，稍加预热，再通过缝孔进口进入舍内，在畜舍四周形成一比较干燥温暖的空气围层。空气进口的断面积必须合适，开口尺寸一般为 40 cm×20 cm，间距为 2～4 m。开口尺寸如果太小会限制空气进量，迫使空气以较高速度进入畜舍，使舍内局部形成贼风；太大则会使空气进入的速度缓慢，致使冷空气和舍内温热空气的混合作用降低。经验表明，空气进口总断面积为通风管总断面积的 80%～85%是适宜的。

2. 机械通风

通风原理：机械通风又称为强制通风，依靠风机强制进行舍内外空气的交换。其优点是可以控制通风机使换气量经常地、适宜地满足不同气候、地区大型密闭式畜舍的通风要求。

通风机：通风机为机械通风系统最主要的设备。常用于畜舍的通风设备应具有一些共同点：较高抗腐蚀性能；为了避免覆盖灰尘而使电机过热，通风机的电动机应采用全封闭式电机，尤其是用于排气通风系统的电机；电动机应具有超载保护装置；通风机进风口应设置可调节的挡风门（或防倒风帘）；采用密封式轴承能够减轻机械损耗程度和增加使用寿命；应装铁丝网护罩，以防人员受伤和鸟雀接近。常见通风机有轴流式和离心式两种形式。

● 轴流式通风机：在畜舍通风要求较小压力和较大空气流量的情况下，大多使用轴流式通风机。轴流式通风机由外壳和叶片组成（图 5-18a），它所吸入和排出的空气的流向和风机叶片轴平行。为了保证所需要的风量和压力，通常应用不少于 4 个叶片的轴流式通风机。轴流式通风机的叶片旋转方向可以逆转，气流方向随旋转方向改变而改变，而通风量不减少；通风时所形成的压力低于离心式风机，但输送的空气量却比离心式风机大很多，所以送风和排气两者兼用；此外，轴流式风机还具有压力小、噪声较低的特点，除节能效果显著以外，风机之间整个进气的气流分布也较均匀。轴流式通风机的安装位置应避开门及窗，在可能的情况下装在畜舍的南边或东边，要避开盛行风。

● 离心式通风机：离心式通风机适用于压力较高而送风距离较远的情况，一般空气输送管道贯穿猪舍全长或者半栋猪舍。离心式风机运转时，通过叶片的工作轮转动时所形成的离心力带动气流。故进风方向和叶片轴平行，气流离开风机时变成垂直方向。这个特点与通风管道 90°的转弯相适应。离心式通风机构造包括叶轮、蜗牛形外壳、轴承座、轴和传动皮带轮等部分（图 5-18b）。空气从进风口进入风机，在旋转的带叶片的工作轮所形成的离心力作用下，流经工作轮而被送入外壳，然后再沿着外壳经出风口进入通风管中。离心式风机不具逆转性，压力较强，在畜舍通风换气系统中，多半在送热风和冷风时使用。离心式通风机按风压可分为：低压（压力≤100 mmH_2O），中压（压力在 100～300 mmH_2O）和高压（压力＞300 mmH_2O）3 种形式（注：1 mmH_2O≈9.8 Pa）。用于畜舍通风的则较多使用低、中压形式，只有在大跨度畜舍采用集中通风的系统中才选用高压形式。

a. 轴流式通风机　　　　b. 离心式通风机

图 5-18　通风机

除上面介绍的两种常用通风机外，在猪舍内还可以装置循环轴流风机，在墙上每隔 15～20 m 设置 1 部。这样能增强舍内空气循环流通，特别是在冬季可改善空气分布，有助于使各墙角干燥和加热，而在夏季适宜的流动空气绕过畜体，会使家畜感到凉爽舒适。在进气通风系统中，由于在离进气风机大约 6 m 以外的地方难以发生空气的直接混合作用，所以进气风机的间隔应安置在 6 m 以内。

空气进口和出口：在机械通风情况下，空气进口与自然通风相似，常用缝孔式和管道式两种进气口。缝孔式进气口是沿畜舍长度设置，设在屋檐下或设在舍中央。冬季空气进口将天棚上面的新鲜空气引入畜舍，可以利用太阳晒热屋顶的预热作用。夏天空气进口是在热天打开，以便进入大量新鲜空气。

机械通风的方式：按畜舍内气压变化可分为正压通风、负压通风和联合式通风系统；按舍内气流的流动方向可分为横向通风、纵向通风、斜向通风、垂直通风等。

● 正压通风：正压通风又称为进气式通风或送风，是指通过风机将舍外新鲜空气强制送入舍内，使舍内气压增高，舍内污浊空气经风口或风管自然排出的换气方式。正压通风的优点在于可对进入的空气进行加热、冷却以及过滤等预处理，从而可有效地保证畜舍内的适宜温湿状况和清洁的空气环境。正压通风在严寒、炎热地区适用。但是这种通风方式比较复杂、造价高、管理费用也大。根据风机安装的位置又有单侧壁送风、双侧壁送风和屋顶送风等形式。猪舍正压通风一般采用屋顶水平管道送风系统，即在屋顶下水平敷设通风孔的送风管道，采用离心式风机将空气送入管道，风经通风孔流入舍内。

● 负压通风：负压通风又称为排气式通风或排风，是指通过风机抽出舍内空气，造成舍内空气气压小于舍外，舍外空气通过进气口或进气管流入舍内。畜舍通风多采用负压通风，因其比较简单、投资少、管理费用也较低。负压通风根据风机安装位置可分为两侧排风式、屋顶排风式、横向负压通风和纵向负压通风。建议一般跨度小于 12 m 的猪舍采用横向负压通风，因为通风距离过长，易致舍内气温不匀、温差大，对猪只不利。跨度大的猪舍可采用屋顶排风式负压通风。

● 联合式通风系统：联合式通风也称混合式通风，是一种同时采用机械送风和机械排风的方式，因可保持舍内外压差接近于零，故又称作等压通风。大型畜舍(尤其是密闭舍)单靠机械排风或机械送风往往达不到应有的换气效果，故需采用联合式机械通风。联合式通风系统风机安置形式，分为进气口设在下部和进气口设在上部两种形式。零压有利于风机发挥最大功率，但由于风机台数增加，设备投资较高未能广泛应用。

● 横向通风：横向通风指舍内气流方向与畜舍长轴垂直的机械通风。横向通风工艺结合气压又可分横向正压、负压、零压通风 3 种。横向正压通风，其优点是可对进入的空气进行加热、冷却及过滤等处理，严寒、炎热等地区都可适用。缺点是这种通风方式在夏季风机不全开动时，易形成气流短路，从而使局部舍温增高，出现舍内区域环境严重不平衡，使得舍内气流流动不够均匀，气流速度偏低，尤其死角多，舍内空气不够新鲜。因此横向通风工艺必须缩短窗间距，以减少气流死角，但这样做会使投资费用较高。横向负压通风，是一般国内密闭式猪舍大多选用的方式，一般采用多台轴流式风机进行负压通风，通风机的布置形式按舍内气流方向可分为屋顶排风、侧壁排风和穿堂式排风；按通风机布置可分为单侧抽风、双侧抽风、一侧抽风一侧辅以送风 3 种。图 5-19 为地沟风机和负压通风风机。理论分析和实际调查表明，进气口的设计对舍内空气流速和温度分布具有较大影响。穿堂式排风进气口的布置有两种形式：一种是在纵墙的上部设置若干进气窗口；另一种是在纵墙的檐口下，沿猪舍长轴方向设置多个长条矩形进气口。对比这两种形式，采用檐下设置长条矩形进气口可以均匀送入新鲜空气，并能造成舍内顶棚的升流贴附现象，是较好的进气形式。单侧设置风机可减少一条动力线，便于安装和检修，降低造价。

● 纵向通风：纵向通风是指舍内气流方向与畜舍长轴方向平行的机械通风方式。此种方式气流经过的横截面较小，能在饲养面产生较高的风速，不仅能排出舍内的热量，而且能增加动物的对流散热量，是非常有效的通风方法(董红敏和陶秀萍，2007)。相比较而言纵向通风系统具有以下特点：该系统局限应用于密闭式猪舍，其他类型猪舍必须进行密闭改造后方能使用；对于密闭不严猪舍，易造成短路，降低通风降温效果；动物饲养面的风速高，气流分布均匀；舍内外空气交换充分；系统结构简单，容易安装和维护；投资和运行成本均比自然通风高。

图 5-19　地沟风机和负压通风风机

研究表明，对自然通风猪舍，叶轮式风机比螺旋桨式风机的能效更高，而且饲养面上风速大于1 m/s的面积更大。当风机以小于20°的水平倾角安装时，饲养面的风速随倾角的增加而增加，随安装高度增加而降低，因此可通过风机风量、安装倾角和高度的优化组合，使动物饲养面上达到理想的风速的同时，减少过高风速的面积。如果风机垂直安装，在不增加能耗的条件下可使动物饲养面高风速面积增加。

畜舍通风方式的选择应根据家畜的种类、饲养工艺、当地的气候条件以及经济条件综合考虑决定。不能机械地生搬硬套，否则就会影响家畜的生产力和健康，或者使生产者经济效益降低。

5.4.2　冬季通风的特殊情况

在冬季，猪生产中普遍存在保温能耗与通风换气的矛盾（耿爱莲，李艳茶和李保明等，2007）。为保证舍内适宜的温度，如果使猪舍少通风或不通风，则会导致舍内湿度加大，有害气体浓度高，导致猪只呼吸道疾病和皮肤疾病频发；如果对猪舍进行通风换气，则舍内热量快速散失，在寒冷地区更为明显。这样不仅使温度调控成本增加，同时温度大幅波动更容易引起猪患病，尤其是影响仔猪的成活率。因此，如何解决冬季保温能耗与通风换气的矛盾是冬季环境调控的难点之一。

经过研究，热回收通风技术是一种有效的通风换气方式（Vassilakis S. 和 Lindley J. A. 1998），可以缓解冬季舍内保温能耗与通风的矛盾（Delfani S.，Pasdarshahri H. 和 Karami M.，2012），节省能耗，改善舍内空气质量。随着热回收通风技术和设备的逐渐成熟，能量利用效率提高，热回收通风技术在畜舍中的应用潜力逐渐增大，实用性和经济效益大大提高（Mardiana A. 和 Riffat S. B.，2013）。研究人员打破以往民用的一体式热回收设备模式，通过不断完善热回收芯体与风机的类型、配比及连接方式，监测其热回收效率及能效比等得出了以下结论可供参考：a. 在一定风速范围内，风速越小，热回收设备的显热回收效率、能效比相比较高（Mardiana A. 和 Riffat S. B.，2013）；b. 热回收设备在猪舍内串联连接时，其热回收效率及通风效果不理想（李琴，刘鹏和刘中英等，2017）。

猪舍数量在我国畜禽舍中占比较大，猪舍内供暖以及猪只自身产热等途径产生大量的能量；同时由于猪舍产生大量的有害气体，通风量需求必不可少，因此热回收通风设备在猪舍有很大的使用价值。

5.4.3　过滤设备

1. 猪舍空气过滤的必要性

随着养猪业集约化和工厂化，猪舍的环境控制问题逐渐被人们重视。养猪规模化程度近年来不断提高，然而不管是在严寒的冬季还是炎热的夏天，由于高密度的饲养，当猪舍通风不良时，猪舍内空气变得污浊，空气中具有生物活性的粉尘和圈内集聚的粪尿散发出来的有毒气体，如氨气和硫化氢等，刺激猪上呼吸道黏膜发炎（Takai H，Pedersen S 和 Johnsen J O 等，1998），使抵抗力降低，上呼吸道内共栖微生物的比例失调，非致病性的微生物变为致病性微生物而导致呼吸道疾病的发生。同时，通风影响温度和湿度的平衡，温湿环境是影响猪健康生长的关键因素，也是其生产因素的最大环境因素。

从外界环境来说，猪流感病毒、蓝耳病毒一般情况下为黏附在细小颗粒上侵入感染猪只的群体（L. Reicks 和温鹏，2002）。而病原微生物极少单个存在，即使存在也极易被紫外线杀死，存活时间极短，大部分只能依附于载体在大气中悬浮，以生物性气溶胶的形式存在。因此，有效减少进入猪舍的粉尘颗粒，可阻隔黏附在粉尘上的病菌，降低猪只感染及患病的可能性。

因此，外界空气进入猪舍需要进行过滤处理，从源头上减少疫病传染风险。空气过滤是根据可穿透离子大小及过滤微尘数量来区分的。大多数情况下，过滤效率的高低直接取决于空气阻力、风速、过滤面积等（蔡杰，2002）。

2. 过滤设备的原理

碰撞并黏住：尘埃粒子（一般是大于 0.4 μm 的大型颗粒）在空气中做无规则运动或者随气流做惯性运动，当运动中的粒子撞到障碍物时，粒子与障碍物表面间存在的范德瓦耳斯力使它们黏在一起。大粒子在气流中作惯性运动，气流遇障碍绕行，粒子因惯性偏离气流方向并撞到障碍物上。粒子越大，惯性力越强，撞击障碍物的可能性越大，因此过滤效果越好。（L. Reicks 和温鹏，2002）

扩散原理：小粒子做无规则的布朗运动。粒子越小，无规则运动越剧烈，撞击障碍物的机会越多，因此过滤效果越好。（钱幺，钱晓明和邓辉等，2016）

3. 过滤效率影响因素

- 尘粒大小："过滤效率"是过滤器捕集粉尘的量与未过滤空气中的粉尘量之比。小于 0.1 μm 的粒子主要做扩散运动，粒子越小，效率越高；大于 0.5 μm 的粒子主要做惯性运动，粒子越大，效率越高。在 0.1～0.3 μm，效率有一处最低点，该粒径大小的风尘最难过滤。
- 阻力：纤维使气流绕行，产生微小阻力。无数纤维的阻力之和就是过滤器的阻力。过滤器阻力随气流量的增加而提高，通过增大过滤材料面积，可以降低穿过过滤材料的相对风速，以减小过滤器阻力。
- 动态性能：被捕捉的粉尘对气流产生附加阻力，于是，使用中过滤器的阻力逐渐增加。被捕捉的粉尘与过滤介质合为一体，形成新的障碍物，于是，过滤效率略有改善。被捕捉的粉尘大都聚集在过滤材料的迎风面上。滤料面积越大，能容纳的粉尘越多，过滤器的使用寿命越长。

● 过滤器寿命:过滤材料上积尘越多,阻力越大。当阻力大到设计所不允许的程度时,过滤器的寿命就到头了。有时,过大的阻力会使过滤器上已捕捉到的灰尘飞散,出现这种危险时,过滤器也该报废。

● 静电:若过滤材料带静电或粉尘带静电,过滤效果可以明显改善。其原因是静电使粉尘改变运动轨迹并撞向障碍物,静电力参与使微粒更牢固地粘在滤料纤维表面上,有效地改善了过滤器的过滤效率(钱幺,钱晓明和邓辉等,2016)。

● 重力效应:微粒通过纤维层时,在重力作用下微粒脱离流线而沉积下来。

5.4.4 常见过滤方法及设备

1. 过滤方法

专利(CN201420776289.1[P].2015-05-13)是一种用于猪舍空气过滤的系统,包括安装在猪舍外的风机、铺设在猪舍内的通风管道和通风口、进风室、通风室以及空气过滤装置和温度调节装置。

具体的工作流程:空气通过节能风机以正压形式送入猪舍;通风管道在猪舍内至少铺设一条,通风口采用矩形渐缩形式;在进风室内安装空气过滤装置,空气过滤装置包括初效过滤层、中效过滤层及高效过滤层;在通风室内安装空调用来调节进入通风管道的空气温度。

初级过滤方式为粗效可洗式过滤器,采用金属不锈钢过滤网,并将若干层金属不锈钢过滤网以一定角度相互交叉叠合排列;中效过滤器为中效折叠式过滤器,采用专用玻璃纤维高效过滤纸,该过滤材料采用密合剂密封以确保滤材四周气密,采用无隔板的热塑性隔胶以确保相同褶层间距;高效过滤层为高效空气过滤器,采用滤料为有机纤维。

2. 空气过滤系统

(1)空气过滤系统的使用现状　保持蓝耳病阴性对于猪场来说具有重要的经济意义。目前大家广泛认为,空气传播是造成阴性猪场重新感染的常见原因,不论公猪站、母猪场还是断奶-生长-肥育猪场都一样。蓝耳病、猪流感和支原体等经空气传播的疾病越来越普遍,在这种现实下,任何能够防止这些病原经气雾传播的方式都非常引人注意。目前,不存在适用于所有猪场的空气过滤系统。

我国广西某公司在公猪站安装全封闭空气过滤系统,母猪场安装部分空气过滤装置。运行2年多后,经过实验室多次抗体检测和PCR检测发现,公猪站和母猪场内的猪群至今保持猪瘟、蓝耳病、伪狂犬病等阴性,表明空气过滤技术结合严格的消毒防疫措施能维持猪群蓝耳病阴性(伍少钦,吴志君和肖有恩等,2011)。

Carmen Alonso等对北美猪密集地区大型母猪群使用空气过滤系统防控猪繁殖-呼吸道综合征病毒(PRRSV)发现,使用过滤系统的猪场比未使用过滤的猪场能大大提高生产效益(Carmen Alonso和徐亮,2012)。

北京养猪育种中心种公猪站采用高效空气过滤系统得出结论:可过滤99.5%以上的0.3 μm的颗粒;冬季采用初高效一体过滤机,对0.3 μm颗粒的过滤效果达99.8%以上,能有效阻止蓝耳病、猪瘟、伪狂犬病和口蹄疫的传播;空气过滤系统能有效阻挡空气中的微小颗粒进入猪舍,从而有效阻隔疾病传播介质,保证种公猪群健康,保证遗传育种体系塔尖的健康,适宜在生产中推广应用(孟庆利,曾浩和郭和军,2012)。

(2)空气过滤器的分类　按照 GB/T 14295-2008,过滤器通常按性能分为四类,即粗效过滤器(分成粗效 1 型、粗效 2 型、粗效 3 型、粗效 4 型过滤器)、中效过滤器(分成中效 1 型、中效 2 型和中效 3 型过滤器)、高中效过滤器和亚高效过滤器。

粗效过滤器,其中粗效 1 型过滤器计数效率大于或等于 50%,粗效 2 型过滤器计数效率大于或等于 20%而小于 50%,粗效 3 型过滤器标准人工尘计重效率大于或等于 50%,粗效 4 型过滤器标准人工尘计重效率大于或等于 10%而小于 50%。

中效过滤器,对粒径大于等于 0.5 μm 微粒的计数效率小于 70%的过滤器。其中中效 1 型过滤器计数效率大于或等于 60%、中效 2 型过滤器计数效率大于或等于 40%而小于 60%,中效 3 型过滤器计数效率大于或等于 20%而小于 40%。

高中效过滤器,对粒径大于等于 0.5 μm 微粒的计数效率大于或等于 70%而小于 95%的过滤器。

亚高效过滤器,对粒径大于等于 0.5 μm 微粒的计数效率大于或等于 95%而小于 99.9%的过滤器。

静电增强纤维过滤器:静电增强纤维过滤(ESFF)技术综合了静电除尘和纤维过滤除尘的特点,主要利用粉尘预荷电或外加静电场的方式来增强纤维层的过滤效果,包括 Apiron 静电袋式过滤器、TRI 棒帷电极电场增强袋滤器、中心电场袋式除尘器、混合式电袋除尘器、静电增强空气过滤器(钱幺,钱晓明和邓辉等,2016)。

- Apiron 静电袋式过滤器:Apitron 静电袋式过滤器是一种预荷电增强袋滤器,由传统脉冲滤袋与管线式静电除尘器连接而成。含尘气体从管底进入,粉尘经过电晕放电区荷电后被收集,未被收集的粉尘通过上面的滤袋过滤。电晕放电区的收集主要是因为金属圆筒(正极)与电晕线(负极)的极性相反,带正电的颗粒被吸附到筒的内表面而沉积。这种静电增强袋滤器的特点是粉尘在过滤器内部荷电,喷吹管设在滤袋中心与放电极相连,脉冲喷吹位于滤袋下侧,而不是从滤袋顶部吹出,在清除管壁与电晕线上沉积的粉尘时,由高速射流诱导产生的二次气流使得滤袋得到清灰。此外,放电极位于下部,电晕及反电晕的火花不会破坏滤袋。

- TRI 棒帷电极电场增强袋滤器:20 世纪 80 年代初,美国纺织研究所(TRI)的 G. E. R. hmb 等开发了一种静电增强结合织物过滤的棒帷电极结构的过滤器,亦称为表面电场袋式除尘器。该过滤器是由一系列沿着布袋长度方向布置的不锈钢丝作为正、负极交错排布,在滤袋外表面形成电场。实验研究表明:当电场方向平行于织物表面而垂直于气流方向时,能获得较好的过滤效果;且电极必须位于滤袋表面的粉尘侧,不用缝纫在滤袋上。

- 中心电场袋式除尘器:中心电场袋式除尘器(AESFF)是在脉冲袋式除尘器的滤袋中心同轴地放置高压电极线,与接地的导电滤袋表面形成中心电场;或在脉冲袋式除尘器中,将电晕极布置在导电滤料之间。这种电极布置形式非常类似于静电除尘器,其工作原理是滤袋中心的电晕极使得粉尘荷电,带电粉尘在电场力作用下沉积在滤袋上。同时,滤料层也会带上与粉尘极性相同的电荷,多数可以通过接地线流走,还有部分会留在纤维层和粉尘层上,如果累积的电荷过多,可能会形成反电晕,烧坏滤袋,因此必须及时清灰。另外,在这种静电增强过滤器中,可以用导电滤料作为接地电极,还可以在普通滤袋的内侧或者外侧安装接地金属网作为电极。结果表明:AESFF 改变了粉尘在滤袋上的沉积方式,其运行的压力损失率为 70%,低于常规滤袋;在较高气布比下,可以产生和传统滤袋相同的压力降性能;由于电场存在,AES-FF 滤袋的老化特性低于传统滤袋。

● 混合式电袋除尘器:混合式电袋除尘器(AHPC)是20世纪90年代末美国能源与环境中心开发的一种微粒控制新技术,于1999年获得专利。在除尘器内部,电极与滤袋交替排列镶嵌一体,含尘烟气首先通过静电除尘器区,大部分颗粒在到达滤袋之前被去除,减轻了滤袋负荷,延长了滤袋清灰周期。并且,在滤袋进行脉冲清灰时,飞扬的尘粒再次有效地被收尘板捕集。该设备长期运行性能稳定,除尘效率达99.99%以上,压力降为1 600～2 000 Pa,但目前尚属实验室研究阶段。

● 静电增强空气过滤器:静电增强空气过滤器(EAA)是韩国J. K. Lee在2001年设计的,它由预荷电器和静电场过滤器两部分组成,静电场过滤器之前设置正极预荷电器,预荷电场强为4.7 kV/cm,使颗粒物带电;静电场过滤器上下游之间由金属网构成两极,其中一极接入直流电压为1 kV,另一极接地(形成场强为1.4 kV/cm),中间填充纤维滤料。结果表明,在标准的2.5 m/s风速下,对1.96 μm颗粒的过滤效率达92.9%,高于传统过滤器70.0%的过滤效率。静电效应不仅提高了过滤效率,而且降低了阻力。

许多猪场只不过是简单地在每个屋顶进气口上装一个过滤器。这种情况下,如果外部温度在21℃以下,通风不受影响。但当外部温度达到21℃以后,阻力就会太大,要么不得不拆除过滤器,要么必须通过降温水帘进行纵向通风。在纵向通风的情况下,空气从猪舍一端进入,从另一端排出。这种情况下就存在一个问题,由于白天气温常很高,不得不采用纵向通风,而夜间温度又会下降到10～15℃,很适合蓝耳病病毒的生存。

研究人员通过研究蓝耳病病毒的生存曲线发现:有可能在特定的夏季温度条件下取消过滤系统,而同时把蓝耳病病毒经空气传播的风险降到最低。为了能够对夏季通过降温帘的大量空气进行过滤,需要一个过滤器阵列,其面积相当于降温帘面积的3倍,成本都很高。一种替代的方法是,当外部气温升高到一定程度之后,比如高于27℃,就开始采用无过滤通风。这样的话,低通风量的情况下仍旧可以采用过滤通风,需要加大通风量的时候,也可以实现大量通风,而无须额外的设施投资;另一种情况是猪舍全年都通过屋顶进风口通风。这种情况下可以额外再开一排进风口,成本很低。这些额外的进风口同样可以在夏季高温情况下作为通风系统的补充。当外界温度高于27℃时,可以将这些通风口打开,温度低于27℃时就将其关闭。这种方案成本低,可应付全年大部分的感染风险,是一种可行方案。但这种方案用在高风险地区可能就不太合适。

3. 滤料的种类

滤料主要包括纤维滤料、复合滤料、功能性滤料(刘道清,2007),其中复合滤料与功能性滤料是近年来兴起的研究热点。

纤维滤料:纤维滤料以其比表面积大、体积蓬松、价格低廉、容易加工等特点始终占据着滤料的大部分市场,而其中的非织造纤维材料以其成布工艺短、成本低且过滤性能好的特点,已成为空气过滤材料的主导产品。

复合滤料:为了克服单一滤料性能上的缺陷,将不同纤维交织在一起形成的滤料,即为复合滤料。比如,玻璃纤维与涤纶复合滤料,可兼具玻璃纤维滤料的耐温、耐腐蚀、高强度、低阻力,以及涤纶的耐折、耐磨性好的优点。

功能性滤料:针对特定行业(如耐高温、耐腐蚀、抗静电、拒水、拒油、阻燃、清除有害气体等)开发的空气过滤材料,正越来越多地应用于工业烟气处理、室内空气净化等领域(刘道清,2007)。

5.5 降温设备

5.5.1 高温对猪的影响

炎热季节，猪舍内温度超过舒适区以上，猪会出现皮肤血管扩张、体温升高、心率加快等热应激现象，热应激会直接导致猪采食量的下降。猪体重越重，热应激对采食量和增重的影响越大。研究发现，对于体重 15～35 kg 的猪，在 20～27.3℃的温度范围内，温度每升高 1℃，采食量下降 25 g/d(张秋亭，赵婉莹和刘继军等，2016)。

生长育肥猪在热应激条件下，采食量会显著下降，研究人员于 28、32、36℃的试验条件下的测定表明育肥猪的平均日采食量逐渐下降。在 6、12、18、24、30℃不同温度条件下对阉割公猪的代谢能进行测量，发现 6 和 18℃条件下，猪代谢能值较高，而高温(30℃)条件下，猪代谢能值最低。NRC(2012)数据显示，体重为 230 kg 的哺乳母猪在平均哺乳仔猪头数 11.5、哺乳期 21 d 的条件下，在环境温度分别为 18、22 和 26℃时，哺乳母猪日采食量(包括浪费量)分别为 6.613、6.190 和 5.629 kg/d，体重损失分别为 276、473 和 733 g/d。

当环境温度低于舒适区时，猪表现出血管收缩、皮温下降，竖毛、肢体蜷缩或群集等冷应激现象(颜培实和李如治，2011)。冷应激造成猪体内热量的损失，摄入饲料更多地用于产热，饲料利用率下降。

刚断奶的仔猪应该避免温度波动。每日温度变动超过 2℃将会降低仔猪平均日增重，提高仔猪料肉比。有研究表明每日温度变动超过 2℃时平均日增重为 306 g，料肉比为 1.45；每日温度变动低于 2℃时平均日增重为 344 g，料肉比为 1.17。

1979 年，堪萨斯州立大学的工作人员研究了降低环境温度对猪增重和饲料利用率的影响，试验结果说明，猪舍内的温度每下降 1℃生长育肥猪每天平均需要增加能量 209.2 kJ。在 12～20℃之间，每降低 1℃每天需要增加能量 418.4 kJ 以上，即每降低 1℃每头猪每天将要多消耗 15～33 g 的饲料。

1. 高温对脂肪沉积的影响

在采食量相同的情况下，高温同时增加内脏脂肪和皮下脂肪的沉积，内脏脂肪增加的幅度更大，高温增强了脂肪组织对血浆脂蛋白的摄取和利用，从而促进了猪脂肪的沉积(吴鑫，冯京海和张敏红，2014)。

2. 高温对猪生产性能的影响

在夏季持续的高温应激中，机体呼吸频率和血液循环加快以促进散热，而这种调节会使体内氧化作用加强，脂肪、蛋白质分解加快，产热量随之增加，而呼吸供氧不足，则导致氧化作用不完全，未完全氧化的代谢物在体内积累，消化道的蠕动，胃液、肠液、胰液的分泌、肝糖原生成等受到破坏，胃肠消化酶的作用和杀菌能力减弱，呼吸道、消化道黏膜抵抗力及肝脏解毒功能减弱(刘凤华，2009)，种猪的抵抗力明显降低，体热平衡被破坏，体温升高，猪只昏迷，这种病理现象叫热射病，严重时中枢神经系统失调，心血管系统负担过重，猪只心力衰竭而死。环境温度过高，猪为了散发体热而呼吸频率加快，新陈代谢受到影响，食欲减退，采食量明显下降，导致生产力降低(方艳玲和胡仲达,2009)。

繁殖猪应尽量避免暴露在高于28.9℃的环境中。高温对母猪的影响主要是受精卵的着床期,极易造成死胚。母猪配种后1 d开始经历5 d的热应激,胚胎成活率可从69%下降至39%(曾新福和陈安国,2001)。母猪配种后2～3周到分娩前为敏感期,这期间热应激可能会对母猪受胎率、产仔数和产仔窝重产生影响,如表5-8所示(热应激从妊娠第102天到第110天)。

表5-8　热应激对母猪产仔性能的影响

	正常状态	热应激状态
产活仔数/头	10.4	6.0
产死仔数/头	0.4	5.2
平均初生重/kg	1.4	1.2
平均窝重/kg	13.6	8.6

高温下母猪的生产性能下降主要是因为母猪内分泌功能失调,导致排卵的数量和质量都明显下降,同时高温时由于外周血液循环加强,使身体内部的血液供应量减少,影响到蛋白质的合成,使胚胎营养不足。

一定范围内环境温度升高会使母猪的采食量、泌乳量降低,体重损失增大。潮湿炎热环境可使青年母猪初情期推迟22 d,大于28℃高温时母猪性成熟普遍延迟。出生于最热月份的母猪初配年龄较其他月份的迟21 d,热应激下的小母猪只有20%可在10月龄发情。中南地区高温高湿的7—10月份母猪断奶后7 d内的发情率为70.6%,而其他月份为97.7%。

母猪受胎率随季节的变化而变化。基本规律是随着夏季温度的不断上升,情期受胎率逐渐下降。7—8月份气温最高,此时受胎率则最低;以后随着温度的下降,受胎率又有所回升。在12月份及1月份,进入冬季气温下降但受胎率并无明显变化。冬季低温对母猪的繁殖力影响不大。

众所周知,环境温度的变化将直接影响到母猪的生产性能,高温会引起母猪体温升高,形成炎热的子宫环境,不利于受精卵的发育和附植,从而影响妊娠母猪的生产性能。母猪最适配种温度为18～24℃,春季配种,妊娠114 d后夏季生产。夏季窝健仔数、窝死胎数和窝总仔明显高于秋冬两季,出生窝重明显高于秋季($P<0.05$)。就总体生产性能而言,夏季最好、春季次之、秋季最差(杨润泉,方热军和杨飞云等,2016)。

高温对公猪生产性能的影响在于对于公猪而言高温使睾丸温度升高,睾丸重量下降,影响精液质量,使精液量减少,精子数减少,精子畸形率上升,精液品质下降。同时,温度升高可使公猪性欲降低。研究发现,在35℃和15℃条件下的公猪,前者射精量比后者低8.6%,精子数量下降11.5%,受胎率下降13.3%。高温对公猪的精液的影响在热应激之后2～3周才表现出来,影响可一直持续8～9周。

在环境温度超过37℃,持续时间超过一周以上时,公猪的性欲明显减退,精液品质明显下降,采精量明显减少(公猪深部$T>40$℃时),精子体外存活时间(即精液的体外保存时间)明显缩短。公猪长时间处于热应激生活环境下,还可导致精子发育不良和精子受损,睾丸生精机能发生障碍,进而造成种猪种用年限缩短和种用价值降低,严重时还可造成睾丸生精机能永久性丧失，同时高温也是诱发公猪发生睾丸炎的重要因素。

5.5.2 养殖场常用降温措施

1. 通风降温

在夏季，为排除猪舍内的热量必须进行有效的通风，其方式有自然通风和机械强制通风两种。自然通风是在畜舍建筑中设置合适的进出风口，利用自然风力及温差作用将舍外新鲜空气引入舍内，有些畜舍为了加强温差抽风作用在畜舍屋顶上设置了塔楼结构。为更好地利用自然风力，可根据当地的自然风向等实际状况合理地设置进出风口(崔引安，1994)，组织好舍内气流的流动。近几年在机械通风技术方面，将纵向通风理论应用于猪舍，一般将风机安装在畜舍的山墙上组织纵向通风，将舍内高温空气用风机排除而将舍外凉爽新鲜空气引入舍内，对猪舍通风起到较好作用(李保明，周允将和崔引安，1995)。

只有在环境温度显著低于猪只体温时，通风才能起到驱除猪体体热的作用，在炎热天气单靠通风不能有效降低舍内气温。当空气温度高于 25℃以上时降温效果递减，气温达到 30℃以上时就应考虑先将空气冷却后再送入畜舍(施明祥，1996)。在高温夏季增大气流速度可明显改善猪的温热环境，并缓和热应激对猪的不良影响。但在冬季，气流会增加猪体的散热量，使其能耗增多。

地下管道、地道及自然洞穴通风降温系统可用于猪舍通风降温。由于地下土壤热容量大和体积巨大，因此夏季地下土层的温度低于地面上大气的温度，在地道壁面温度低于空气露点温度的情况下，空气冷却过程的后期可发生水汽凝结从空气中分离出来的现象，即降湿冷却过程。利用这一特点，可在地下一定深度的土层中埋管或者开挖地道，使室外空气从中流通，得到冷却后再引入畜舍内(刘平，马承伟和李保明等，1997)。与目前采用较多的蒸发降温相比较，地道风降温在降温的效果和对空气处理的质量方面具有较明显的优点。蒸发降温时空气的状态变化过程为一等焓加湿冷却过程，在使空气温度降低的同时，将使空气的含湿量增加，同时其降温幅度要受空气湿度的影响，空气湿度大时降温效果变差，并且不能将气温降到湿球温度以下。而空气经过地道降温的状态变化过程近似为一等湿冷却过程。地道风降温不但不会使空气的含湿量增加，还可能使空气的含湿量减少(刘镇，1987)。并且，地道风降温不受湿球温度的限制(刘平，马承伟和李保明等，1997)，即可以将气温降到湿球温度以下。因此，地道风降温在我国高温高湿地区应用比蒸发降温效果更好；地道风降温主要利用自然能源，运行仅消耗少量风机所需的电能，对环境无污染，地道的使用寿命很长，运行管理及维护均极简单，这些都是其显著的优点。同时也可将地道用于冬季的加温，可节省冬季用于加温的能源消耗。地道通风系统可夏、冬二季兼用，大大提高了其经济性。

我国早在 20 世纪 70 年代就开始在一些公共建筑与工业建筑中应用地道风进行夏季的降温，而在畜牧生产领域，我国利用地道通风降温的猪舍于 1985 年在深圳建成，取得了较好的效果，经测定舍外空气经地道冷却后气温降低了 3～5℃，舍内相对湿度低于 85%。但是地道通风降温为了保证土壤与空气间具有足够和稳定的温差及换热面积，使地道周围有足够多的土壤参与换热过程，其地道埋深往往需要深达 3～4 m(刘平，马承伟和李保明等，1997)，并需具有足够的长度，因此工程量较大，其一次性建设投资较大，接近于人工制冷系统(牟灵泉，1982)，不过建成后的运行费用大大低于人工制冷系统。如果能利用人防工程、废矿井或天然洞穴等现成地道，将大大降低其工程建设的一次性投资费用。潍坊地区在冬季12月、1月与2月的平均最低气温为－9～－11℃。冬季通风换气的室外冷空气先经过地道加热后再进入室内，气温可以提高约10℃。再靠一定的保温措施和猪体本身散发的热量，在不用其他加温设备的情况下，即可将猪舍内气温维持在15℃以上。此外，地道通风系统的夏、冬二季兼用还可增强其降温、加温效果。由于系统在冬季使用时，地层在对空气加温的同时，自身被空气逐渐冷却。在系统结束冬季的运行时，地层中已积蓄起一定的“冷”量，这将对系统夏季运行前的地温状况产生影响，可在一定程度上降低夏季的地温，提高夏季降温的效果。同样，系统在夏季使用时，又在不断蓄热，将在一定程度上提高冬季地温，提高冬季加热效果。有研究发现，北方太阳能猪舍采用地道通风猪床结构能够提高猪床和猪舍的温度，而且还能降低舍内的相对湿度，在节省能源的同时，也改善了猪舍内的热环境（CN201020267759.3，2011；袁月明，孙丽丽和潘世强等，2014）。

地道风空调系统是一种结构简单、空调效果好、节省能源、使用寿命长、运行管理和维护简单的空调系统。虽然其一次性建设投资较高，但可通过适当减少地道的埋深和对地道的构造、尺寸及运行参数等进行优化设计将其工程量和造价降低。应该指出的是，地道风降温系统虽然一次性建设投资较高，但建成后的使用寿命很长，维护费用也很低。因此，从长远的观点看仍是经济的。

对个别圈养的种公猪、怀孕母猪以及泌乳母猪也可采用局部通风的措施保持凉快，根据试验研究结果采用将新鲜空气经过绝热通风管道引入，然后通过口径约100 mm的竖直管道，管道悬于个别猪栏的前端上方，将空气向下输送到猪的鼻部，气流流量一般为1.5～2 m^3/s，风管口愈近猪只效果愈佳，但要避免遭到猪只的破坏。风管内空气需保持清新凉爽及干燥，这样也可减少各种空气传染病的发生。

2. 热泵＋风机盘管降温系统

供暖方式为风机盘管的猪舍，如果风机盘管内循环的是冷水，猪舍可以通过风机盘管降温。猪舍供暖设备为冷暖两用空气源热泵或者地源热泵时，夏季可以采用热泵制冷。热泵配置风机盘管为一种猪舍降温系统，该降温系统无通风功能，在实际生产中，热泵＋风机盘管降温系统上需要配置夏季通风设备，但是该种降温模式下夏季通风量参数需要进一步研究，热泵＋风机盘管降温系统配置的夏季通风量应该主要考虑猪舍湿度并保证CO_2浓度、NH_3浓度不超标。

3. 接触降温

现有的降温系统在发挥降温效果的同时也有一些矛盾，比如会使舍内湿度增加、地面潮湿等，在一定程度上影响了猪群正常生产性能的发挥和健康状况。我国农村地区基本都是简易开放猪舍，通常都不具备降温措施。现有的降温设施一般都不适于简易开放猪舍使用，所以每当夏季时，农村养猪环境问题较为突出，经济效益低下。研究人员为解决农村简易猪舍夏季降温问题，设计了一套利用地下水的地板降温系统，可对猪舍躺卧区实施局部降温，效果显著（李保明，施正香和张晓颖等，2004），可供借鉴。

躺卧区地板降温系统：躺卧区地板降温适用于有地下水源、可以打井的地区。对育肥猪、妊娠母猪等大猪而言，躺卧区地板降温适用于多种建筑形式的猪舍；对于分娩猪舍该系统也适用，其仅对躺卧区地板局部降温，无须整舍温度的调控，可以很好地解决哺乳母猪和新生仔猪对温度要求不同的矛盾。水的流动是在一个封闭式系统中进行的，通过传导降温来完成降温，不会增加猪舍内水汽含量，可以保持舍内清洁、卫生。该系统以地下水为介质。由于地下水水温较为恒定，一般在 15℃左右，所以适合于夏季降温和冬季地面保温，使躺卧区地板始终维持在较为适宜的温度范围，满足猪的躺卧行为需要；地下水经过该系统后，其水质不会发生变化，水温一般可维持在 20～25℃，出口端流出的水可以作为清洁用水、田间灌溉用水加以利用，检测合格的话可以作为饮用水使用，是一项环保的降温措施；猪只的休息躺卧行为亦不会因外界环境温度变化而受到影响。

国外如德国的一些猪场中使用诺廷根猪场系统中的冷枕头设备为猪降温，他们采用矩形钢管作为猪枕头，内通地下冷水作降温物质，根据在德国的实际使用情况看可提高综合经济效益 10%以上(Bug H.，1997)。我国也在引进诺廷根猪场系统，并对该系统的各项技术进行研究和研制适合中国国情的设备(刘平，马承伟和李保明等，1997)。

4. 水蒸发式降温

利用水蒸发吸热的蒸发降温技术已在农业建筑夏季生产环境控制中广泛运用。蒸发降温方式效果显著，并且运行可靠、维护方便、费用较少，是一种较经济的降温方式，而且实践表明蒸发降温不仅适于我国气候干燥的北方地区，同时也适合于我国夏季炎热、潮湿的南方大多数地区，是目前应用范围很广的一种降温措施。蒸发降温有直接蒸发降温和间接蒸发降温两种方式。前者是水与空气直接接触，空气在被冷却的同时也被加湿；后者要降温的空气不与水直接接触，而通过热交换器与直接蒸发降温的水或空气热交换而得到冷却(贺致存，崔引安和 M. A. Hellickson 等，1987)。在农业环境工程领域主要采用的是直接蒸发降温方式，按照是否打湿畜体又可分为直接降温(打湿畜体)和降低环境温度(不打湿畜体)以及二者兼而有之等多种实现方式。

- 湿帘-风机降温系统：湿帘-风机降温系统利用水蒸气吸热实现冷却。湿帘-风机降温技术是温室多种降温技术中最有效而且最为经济的降温方式，是目前最为成熟的蒸发降温系统(吴兆胜，罗细芽和万伟红等，2012)。图 5-20，图 5-21 为常见的湿帘-风机降温系统。其蒸发降温效率一般达到 75%～90%，通风阻力损失为 10～40 Pa。

图 5-20　湿帘-风机降温系统(墙上湿帘)

自 20 世纪 50 年代美国的学者开始研究以来，湿帘-风机系统逐步推广开来。我国在 20 世纪 80 年代初自国外引进湿帘-风机降温系统，在对该技术消化吸收的基础上进一步从设计方法、结构及运用等方面进行了大量而深入的研究工作，取得了很大的成功。1988 年北京农业工程大学研制成功了适合我国的湿帘-风机降温系统，通过了农业部新产品鉴定并投入了批量生产。近年来在我国推广的纵向通风技术和湿帘降温装置相配合(徐少华和陈宽维，1994)，在农业建筑夏季降温中发挥了重要作用，以实践证明了湿帘风机降温是一种很好的降温模式。但该系统也存在一些缺点，以纸质为材料的湿帘在使用过程中会产生收缩和变形，在不使用时的保存中易受损坏。纸质湿帘的寿命仅3～5年，价格也较高。由于空气中存在着的灰尘以及水中的盐类会产生沉淀附着于湿帘上，这样就会使气流通过时的阻力增大甚至造成堵塞。

图5-21　屋顶湿帘

在国内，部分生产厂家采用麻纱、塑料、棉、化纤织物作湿帘材料。在国外，法国一家公司用多孔空心砖砌成墙体然后喷水打湿来代替湿帘，有较好的效果。其他国家也开发研制成功一些耐久的材料，如塑料水泥等材料的湿帘，其降温效果较好，但价格较高。另外将湿帘系统制作成湿帘冷风机系统(目前已有产品问世)，也可应用于开放式农业建筑及自然通风的场合(贺致存，崔引安和M. A. Hellickson等，1987)。

如果空气相对湿度较高，由于受到水分蒸发的限制，采用湿帘等降低环境温度的方法降温效果就较差，这时较好的降温方法应是直接降温法(施明祥，1996)。

● 喷淋降温系统：喷淋降温装置适于在育成(育肥)猪栏内使用。喷洒的水直接打湿猪体，水在猪身体表面蒸发直接将体热带走(施明祥，1996)，该系统装置简单，效果明显，能适用于机械或自然通风的猪舍，很容易在现有畜舍内加装。

目前国外对此法研究较多，应用也较普遍，根据研究在具体使用时一般喷水压力为70～250 kPa，出水量为：断奶猪每猪每小时65 mL，大一些的猪每猪每小时300 mL(施明祥，1996)，因此设备投资和运行费用都很低。但喷淋降温会打湿地面造成地面积水，并且使畜舍长时间处于高湿环境，这样会对畜舍内的环境卫生造成危害，所以在使用喷淋装置进行降温时要注意使用方法，如可以避开猪只的躺卧休息区域进行喷淋。采取间断运行的工作方式(施明祥，1996)，喷淋器开启1～2 min然后关闭，间隔45～60 min，这要视气温、湿度、通风等条件而定(施明祥，1996)。为了减少浪费水源和控制舍内湿度，在喷水时首先是不应造成地面有聚水或汇流的现象，其次是让地面有干燥的空档(张春贤，1989)。

● 滴水降温系统：对于泌乳母猪的降温问题，若也用喷淋的方法因容易溅湿仔猪，所以在泌乳栏内不宜喷水而应改用滴水降温的方法。采用滴水器将水滴到泌乳母猪的颈肩部，这样滴水可以保持泌乳母猪凉快，缓解母猪的热应激，而不易弄湿仔猪身体，也不弄湿地板。

水滴管口一般应置于距离栏前端 50 cm 的正上方 30 cm 处，水量每小时 2～3 L。按目前在猪场的实际使用情况，滴水管的大小、水滴数的多少等应调整到水分不湿至前蹄为原则，若湿至地面应立即中止或调整滴量和滴数，保持地面干燥不滴水入耳及避免溅湿腹部乳房区，这些是采用滴水降温方法应遵守的基本要求。

实验和使用结果表明，滴水降温可获得更高的日采食量，且仔猪断奶体重明显增大，泌乳期间母猪的体重损失小。滴水降温从理论上也可适用于公猪，但一般的公猪栏较宽敞，水滴常滴于地面，这样就无法进行散热，另外公猪也喜好将头部躺于潮湿区，如此水滴容易滴水入耳造成危害。所以滴水降温一般应用在定位饲喂的泌乳母猪栏。

● 细雾蒸发降温系统：该方法多采用水力或气力雾化的方法向要降温的空间直接喷入细雾使之蒸发冷却空气。要求雾滴直径小于 50～80 μm，这样可以避免因较粗的雾滴不能完全蒸发而落下淋湿猪只体表并造成地面积水，使畜舍内湿度较高，造成微生物病菌繁殖及传播，同时也使雾滴与空气间有较大的接触面积，从而强化了水雾和空气间的换热强度，提高了蒸发效率。这就要求雾化喷嘴有较高的喷雾压力，但是却增加了设备投资和运行费用，根据实验和分析结果表明，降温效率低主要是因为雾滴分布不均匀，有些空间雾滴分布稀少而没能充分降温。

细雾降温投资比较低，适应性广，可应用在密闭、开放猪舍及机械和自然通风猪舍，在现有畜舍内加装容易，在美国等发达国家喷雾装置还可兼作消毒，该系统应用较广泛。在我国由于喷嘴性能、产品质量等原因使降温效果不是很理想，且研究、应用的也较少，因此没有获得广泛的推广应用。从现有的实验和使用效果来看，这种系统同样适应于我国的情况，现在的主要问题是雾化装置的问题。

● 集中式雾化降温系统：集中式雾化降温系统是在建筑的进风口处设置雾化室，在雾化室内集中设置喷雾装置，高温下，育肥猪将通过对生产性能不利的热调节机制包括行为、生理和代谢等调整来维持其体温，比如通过减少采食量减少产热量，由此带来生长速率的下降。

生长育肥猪在热应激条件下，采食量会显著下降，前人研究发现，试验测定 28℃，32℃，36℃温度下育肥猪的平均日采食量逐渐下降。同时，猪舍内温度越高，氨气排放量越高（Takai H，Pedersen S 和 Johnsen J O 等，1998）。研究表明，在上海等湿度较大地区，在室外相对湿度大于 80%时，湿帘-风机-遮阳综合室外空气经过雾化室时，雾滴和空气之间产生热质交换，空气经蒸发降温后进入室内。在这种降温系统中，由于雾滴与空气的接触和热交换集中在狭小的空间中，在较短的时间内需处理全部进入猪舍内的空气，所以要求有很高的热、湿交换效率。集中雾化降温系统在国内已开展研究，并已成功地应用于温室的夏季降温。试验结果表明，依靠集中雾化降温系统，在夏季晴朗天气下，温室内平均气温比室外低 2～5.5℃，比单纯采用机械通风时低 4～7.5℃，系统运行期间室内相对湿度为 70%～95%。所采用的喷水压力为 0.06～0.2 MPa，所需水量与气流量的比值即水气比为 0.2～0.3，降温效率达到 80%以上。

5. 绿化遮阴

绿化遮阴和阴棚遮阴都能有效阻挡太阳辐射能，在夏季太阳辐射强烈、湿度不大的地区，遮阴是简单有效的降温方法。绿化遮阴可以遮挡强烈的阳光、绿化环境，减少太阳光照的辐射。除了遮阴外，绿化还能能够实现对气温、温度与气流等多方面的调节。大片绿色植物通过对多种有害气体的吸附能起到减少空气中的有毒有害气体和过滤、净化空气的作用（徐立荣，2015）。充分利用绿化树木的减尘作用以及树木本身所分泌的挥发性植物杀菌素，使养殖场在运营的过程中产生的大量粉尘与细菌含量大大减少，可杀灭一些人畜共患的病原微生物(CN201020267759.3,2011)；因为绿色植物有较为显著的阻隔和吸收噪声作用，能够对养殖场产生的噪声进行散射与吸收，降低噪声的强度(CN201020267759.3,2011)；绿化植物可以减少土壤里面氮、磷、钾等物质的含量，因树木对水源的过滤从而使土壤与水源的富营养化情况得到改善。

5.5.3　与猪舍温度有关的关键因素

在中国的大部分地区，建筑物应满足防热要求。太阳辐射热是夏季猪舍内热量的主要来源，猪舍的隔热性能主要取决于建筑材料和猪舍的建筑结构。猪舍建筑类型及围护结构是为猪只提供良好生长和繁殖环境的基础条件，猪舍建筑及围护结构类型直接影响猪舍的热环境状况。由于受畜舍外围护结构和舍内家畜散热的影响，畜舍内的气温表现出受外界气温和太阳直接辐射的影响不同，中国大部分养猪场建筑都采用双坡式屋顶，有的猪舍设有吊顶，有的猪舍无吊顶。吊顶主要用来增加房屋屋顶的保温隔热功能。

常见墙体结构中，实体砖墙外贴聚苯板的墙体隔热性能最好。猪舍屋顶也应采用下部为蓄热性能较好的重质材料、上部采用隔热性能好的轻质材料的复合结构。温室方面的研究资料也证明，聚苯板作为墙体的隔热材料、砖作为墙体的蓄热材料较为合理(王美芝，田见晖和刘继军等,2011)，在建筑物外墙中应用隔热材料是最有效的节能措施之一。

相关试验表明，瓦屋顶＋聚苯板吊顶的猪舍较彩钢夹芯板屋顶＋聚苯板吊顶猪舍的吊顶内表面温度低2.6℃；黏土瓦屋顶上覆盖彩钢夹芯板猪舍比黏土瓦屋顶猪舍内表面温度最高值低7.4℃。由此可知，黏土瓦屋顶(重质材料)和轻质保温材料复合的隔热效果较好，二者在屋顶的上、下顺序对隔热效果影响不大。

5.5.4　一些降温方法的比较和具体应用

1.湿帘-风机和单纯风机降温方法的对比

在北京地区育肥猪舍的对照实验发现：在猪舍通风量和湿帘配置基本合理情况下，猪舍是否使用湿帘对猪舍整体风速无显著影响；湿帘-风机降温系统能够显著改善北京市育肥猪舍的环境条件；湿帘-风机降温系统可显著减少高温时间段；湿帘-风机降温系统会改变猪舍内部温度分布的均匀度，但不会对断面温度造成较大的影响。相比于湿帘，无论什么时间段，只使用风机时各断面温度值较为均匀；湿帘-风机降温系统能够显著改善育肥猪的生理状况；湿帘-风机降温系统的最大降温幅度不一定随着湿帘用水量的增加而增大。

2.北京地区发酵床猪舍使用湿帘-风机的启示

北京地区发酵床猪舍系统存在严重的夏季热应激以及冬季通风不足的问题，研究人员通过对发酵床猪舍的改造，安装湿帘-风机负压通风降温系统，实验结果表明：发酵床猪舍使用湿帘-风机系统既能满足夏季降温通风的需要，还能在冬季潮湿环境中改善空气质量，但冬季在适宜的相对湿度条件下应控制较小的气流速度(刘中英，郭瑶和谢雨晴等,2017)。

3.妊娠猪舍采用湿帘-风机降温系统的效果

对妊娠猪舍采用湿帘-风机系统在高温季节的降温效果的分析得出：舍外热空气经湿帘

后，温度可降低7.06℃，相对湿度上升37.20%。当湿帘与风机距离相同时，风机安装于横墙或纵墙不影响降温效果。距离湿帘越远，舍内温度越高，湿度越低。猪舍环境温度受外界温度变化影响较小；二氧化碳、氨气、硫化氢气体浓度均在各标准范围内。综合得出，高温季节采用湿帘-风机降温系统，可改善妊娠猪舍内环境（龚建军，雷云峰和何志平等，2015）。

4.自然通风和湿帘-风机系统模式的对比

研究人员对自然通风和湿帘-风机系统模式下妊娠舍和产仔舍的空气细菌气溶胶检测得出：2种通风模式下产仔舍的细菌气溶胶浓度均显著低于妊娠舍；对于妊娠舍而言，与自然通风模式相比较湿帘-风机系统可以显著减少其舍内细菌气溶胶的浓度，产仔舍无明显表现（康润敏，雷云峰和曾凯等，2017）。

5.中国东南部地区降温方法的应用

研究发现，在猪舍环境应用铝箔遮阳网能降低环境湿热程度和减轻猪的热应激且效果显著，如果在高温时段直接对猪颈部每天2 h喷水1 min，则降温和缓解猪的热应激的效果更佳。遮阳网对现有各类猪舍易于改造、安装，投资小，见效快，可重复使用多次。在夏季高温、高湿的东南地区，不适宜使用湿帘-风机降温方式和屋顶喷淋方式。在建设大型集约化养猪场时，可考虑在屋顶采用各种新型保温材料，夏季能有效降低猪舍的湿热程度，同时能满足低温季节猪舍保温要求。

综上所述，为了保证猪场更有经济效益，与此同时减少对环境的污染等，应对猪舍环境采取一系列的宏观调控措施。通过对猪舍环境的控制，即寒冷地区或季节的保温、通风和空气的过滤，炎热季节或者地区的降温，以及正确处理猪舍保温与通风的矛盾、空气过滤与通风的矛盾等来辅助提高不同年龄阶段、不同用途猪的生产性能，或者保证其尽可能地不受环境的影响，从而使生产性能达到最大，饲料利用效率达到最大，使猪场的运营效率达到更好。

第 6 章
消毒设备

本章内容提要

养猪场常用的场内清洁消毒设备分为冲洗设备、消毒设备和饮水加药设备，冲洗设备介绍了固定式自动清洗系统、简易水池、自动翻水斗、虹吸自动冲水器和高压清洗机；消毒设备介绍了火焰消毒器、紫外线消毒灯和自动化消毒等；饮水加药设备介绍了常用给药方式、药物的选择、评估每日耗水量、给药量的计算和饮水给药的其他几个问题。

6.1 冲洗设备

猪场常用冲洗设备包括：固定式自动清洗系统、简易水池、自动翻水斗、虹吸自动冲水器、高压清洗机等。

6.1.1 固定式自动清洗系统

自动冲洗系统(图 6-1)能定时自动冲洗，配合程式控制器（PLC)作全场系统冲洗控制。冬天时，也可只冲洗一半的猪栏，在空栏时也能快速冲洗，以节省用水，但造价高。

6.1.2 简易水池

简易水池指放水阀水池的进水与出水靠浮子控制，出水阀经杠杆机械由人工控制。优点是简单、造价低、操作方便；缺点是密封可靠性差，容易漏水。

图 6-1　固定式自动清洗系统

6.1.3　自动翻水斗

自动翻水斗指工作时根据每天需要冲洗的次数调好进水龙头的流量，随着水面的上升，重心不断变化，水面上升到一定高度时，翻水斗自动倾倒，几秒钟内可将全部水倒出冲入粪沟，翻水斗自动复位。优点是结构简单，工作可靠，冲力大，效果好；主要缺点是耗用金属多，造价高，噪声大。

6.1.4　虹吸自动冲水器

虹吸自动冲水器常用的有两种形式，即盘管式虹吸自动冲水器和 U 形管虹吸自动冲水器。优点是结构简单，没有运动部件，工作可靠，耐用，故障少，排水迅速，冲力大，粪便冲洗干净。以上设备适用于工厂化、集约化养猪场。

6.1.5　高压清洗机

高压清洗机(图 6-2)采用单相电容电动机驱动卧式三柱塞泵，当与消毒液相连时，可进行消毒。

6.2　消毒设备

常用消毒设备包括火焰消毒器、紫外线消毒灯、自动化消毒等。

6.2.1　火焰消毒器

火焰消毒器(图 6-3)是利用煤油或煤气燃烧产生的高温火焰对设备或猪舍进行瞬间的高

温喷烧，以达到消毒杀菌之功效。

图 6-2　高压清洗机

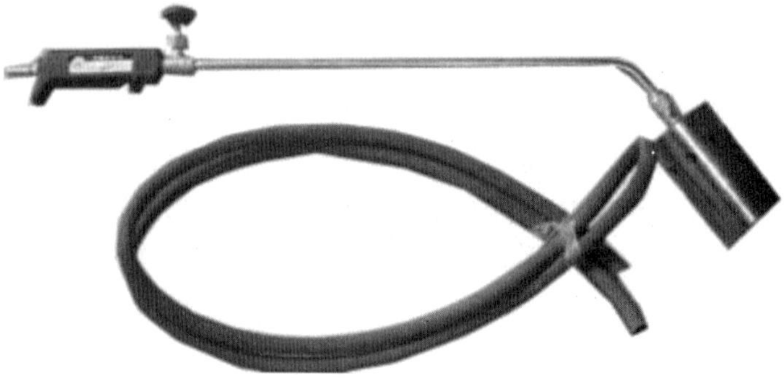

图 6-3　火焰消毒器

6.2.2　紫外线消毒灯

紫外线消毒灯(图 6-4)是以产生的紫外线来消毒杀菌，其安装简单、使用方便，购买和使用费用低，是养殖场消毒最常用的设备之一。

图 6-4　紫外线消毒灯

6.2.3　自动化消毒

长久以来,我们国内的养殖户都习惯了使用手动消毒模式,因为养殖业利润薄,大家也就很少关注自动化养殖消毒的方法。如今养殖业实现规模化之后,越来越多的大型猪场正在淘汰传统的消毒方法。生猪养殖自动消毒设备越来越多地被大型养殖公司所接受,自动化消毒模式也越来越被市场所接受。

以米孚公司为例,米孚公司提供的三种型号自动喷雾消毒机(图 6-5):人员消毒通道消毒机、全场喷雾消毒机、车辆消毒机。

图 6-5　米孚自动消毒

人员消毒通道消毒机的工作原理:利用超声波高频震荡,将水分子打碎成雾状后,喷出。

全场喷雾消毒机:利用超高压喷雾原理,将水加压后,输送到高压管道内,经雾化喷嘴喷出。

车辆消毒通道:利用超高压喷雾原理,对过往车辆机身进行喷雾消毒。

养猪场自动消毒设备-米孚科技的优势:

a. 温度自动感应、智能控制消毒。当环境温度高于养殖所要求的指标时,养猪场自动消毒机-米孚科技便会自动启动,开始工作,让消毒更加智能化。

b. 定时循环控制消毒。养猪场自动消毒机-米孚科技还可以实现定时启动功能,并同时可以实现时间循环控制功能。

c. 附加功能:自动加水、自动加药、自动泄压、缺水自动断电功能。

6.3　饮水加药设备

饲养管理、生物安全、疫苗防控、药物保健与治疗、疫病检测与监测共同组成了动物疫病防控体系。目前我国动物保健市场中药物占 2/3 以上,足见药物在疫病防控中应用之广泛。猪场给药以注射、拌料与饮水等方式为主。饮水加药操作简便,劳动力投入少,已被规模化猪场广泛使用。下面针对猪场饮水加药的关键点及应用技巧进行总结。

6.3.1 常用给药方式

注射给药通常给药剂量易把握、吸收快，给药准确，药效发挥较好，常用于病猪个体治疗，是猪场日常健康管理中非常重要的给药方式。但随着养猪规模化、劳动力成本增加及某些疾病发病率高等特点，猪场常需要进行群体给药——饮水给药或拌料给药。与拌料给药相比，饮水给药操作简单、快速，发病对猪饮水的影响相对较小。但饮水给药的药物选择较少，成本较高，尤其在夏天高温季节药物浪费比较严重。

6.3.2 药物的选择

目前用于饮水给药的产品主要包括：抗生素类、复合维生素与矿物质及某些中草药。

常用的抗生素包括：阿莫西林、氨苄西林、庆大霉素、硫酸新霉素、安普霉素、多西环素、土霉素、林可霉素、壮观霉素、酒石酸泰乐菌素、替米考星、泰妙菌素、硫酸黏杆菌素等。有些抗生素因稳定性、适口性或生物学分布等原因不能或很少通过饮水加药：如青霉素、链霉素、头孢噻呋、氟苯尼考、恩诺沙星等。

口服（饮水与拌料）的药物吸收性差异很大，有些药物如泰妙菌素在胃肠内的吸收性很好，在给药后数小时内即可在血液中达到很高的药物浓度。相反，硫酸新霉素、硫酸黏杆菌素等药物的肠道吸收性差。吸收性好的药物可用于全身系统性疾病的治疗，而吸收性差的药物可在肠道内形成较高的药物浓度，常用于腹泻的治疗。四环素类药物（土霉素与多西环素）虽然也被广泛应用于饮水或拌料给药，但该类药物口服与注射给药之间血药浓度差异很大。

在选择药物时，须综合考虑药物有效性、药物在猪场饮水中的可溶性、不同药物之间的配伍禁忌、在水中的化学反应（沉淀）以及药物经济性等。

6.3.3 评估每日耗水量

影响每日水消耗量的因素非常多，如实感温度、体重、饲料品质、饮水嘴（设计、高度与水压）、动物健康状况、药物适口性等因素。进行精准而正确饮水加药的前提是正确评估每头猪每日的实际饮水量与实际耗水量。在实际生产中，猪场工作人员对饮水量常不会估算或估算不精确。

对健康猪群拌料给药时，可依据保育猪体重的4%～5%或肥育猪体重的3%～4%来估算每日采食量。在欧洲，从业者通常用饮水量与采食量的比值（正常为2.5～3.0）来估算饮水量，即在正常状况下，猪饮水量占其体重的10%～15%。妊娠母猪与哺乳母猪的饮水量也不同，分别约为10、20 L。

猪群发病最初临床症状常是采食量降低，特别是发生热性病与呼吸道疾病时。发病猪常不愿站立，导致采食量降低，饮水摄入不足，药物摄入量不足。而在腹泻性疾病初期，猪饮水量常会突然增加，导致药物摄入量也随之增高。故在现场加药时，应充分考虑健康状况对饮水量的影响。对于无法站立、食欲废绝的猪群，推荐使用注射给药代替饮水或拌料给药。

猪对周围环境的实感温度对其饮水量影响显著。通常，夏天耗水量比冬天多30%～

50%。在闷热的环境下，水的消耗量也会显著增加。

很多药物苦味重，适口性差，当添加量过大时，将影响适口性。此类药物不可轻易提高药物在水中的终浓度，如恩诺沙星、替米考星等。

饮水嘴设计或饮水槽的高度、质量与水压也会显著影响猪的实际耗水量。碗式饮水嘴更省水，水嘴位置过高（断奶仔猪）或过低（哺乳母猪），都会降低猪的饮水量。水嘴弹簧失灵或水嘴被异物、沉淀物堵塞（图 6-6），会导致水供应不足；同一栋的不同栏舍离水源远近不同、水压不同，也会导致猪饮水量不同（图 6-7）。若水压太大，易导致饮水与药物浪费过多，故定期对饮水嘴的水压、水流进行测量是非常有必要的。

图 6-6　在饮水给药时，药物之间发生沉淀反应堵住饮水嘴

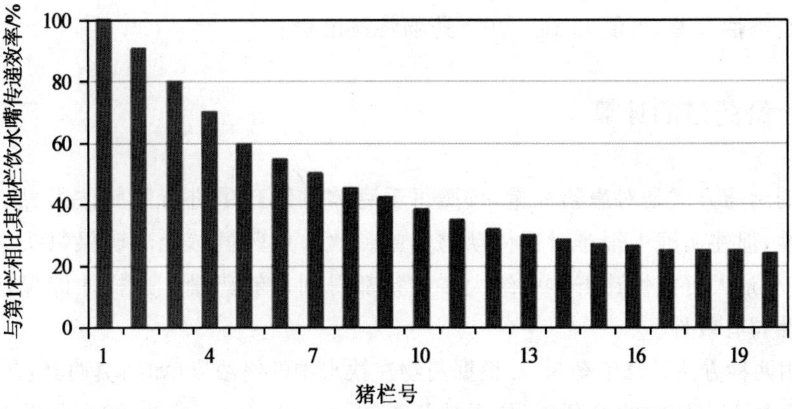

图 6-7　水压随着栏舍与水源位置的远近而改变

此外，对猪进行转群、分栏、疫苗注射等都会显著影响猪每日实际饮水量。另外需要注意的是，每日耗水量与猪每日实际饮水量不同，相当一部分水会被浪费（尤其在夏天），而非饮用。故在加药时还应考虑到浪费水量占总耗水量的比例。

在实际生产中，可通过以下两种方式对耗水量进行评估。

①安装水表：监控每日每栋舍的实际耗水量，此法最精确。表 6-1 为某公司断奶仔猪（22～29 日龄）的实际耗水量表。从数据可知，实际日耗水量为 2.1～4.2 L，远大于仔猪的理

论日饮水量(约 1.5 L)。说明该场饮水设备可能存在问题,导致水浪费严重,若此时饮水加药,药物浪费会非常严重。

表 6-1 饮水量监管

日期	水表读数	耗水总量/m^3	存栏数/头	每天每头猪耗水量/L	猪群日龄/d
2013-9-1	96.7		217		21
2013-9-2	97.2	0.5	238	2.1	22
2013-9-3	97.6	0.4	237	1.7	23
2013-9-4	98.1	0.5	237	2.1	24
2013-9-5	98.7	0.6	237	2.5	25
2013-9-6	99.4	0.7	237	3.0	26
2013-9-7	99.9	0.5	237	2.1	27
2013-9-8	100.7	0.8	237	3.4	28
2013-9-9	101.7	1.0	237	4.2	29

②综合考虑猪的体重、存栏量、采食量、季节与室温、饮水浪费、猪群健康状况等因素来估算。比如为 300 头 7 kg 的仔猪通过饮水预防保健,季节是冬季,室温 26℃,仔猪健康。

饮水量计算为:300×7 kg×15%=315 kg,冬季水的浪费为 10%～30%,按 30%计算,饮水量为 315 kg×(1+30%)=409.5 kg。

若猪群发病,需要根据猪群的采食量来矫正饮水量(饮水量与采食量的比值 2.5～3.0)。

由以上可知,安装水表是计算实际耗水量的最佳方法。在对给药方式进行决策时,既可精确计算给药量,又可评估药物的浪费程度。当饮水浪费严重时,尽量避免采用饮水加药,否则药物投入的经济性太差,可能 50%～70%药物将被浪费。

6.3.4 给药量的计算

最精确的给药方式是对患猪称重,按照每千克体重给药量进行静脉注射、肌肉注射给药。此法虽然精准,但在实践中很难对群体动物实施。饮水加药虽然无法确保每头猪都能得到精准剂量,但应尽最大可能性让群体中绝大多数猪都得到足够药量。这样才能保证药物预防或治疗的经济性与有效性。

通常使用两种方法计算给药量:a. 根据药物在饮水中的终浓度(如阿莫西林:50～100 mg/kg 饮水);b. 根据每千克体重的给药量(如泰妙菌素:8.8～115 mg/kg 体重)。目前我国所批准上市的饮水剂与饲料预混剂大多是按照药物有效成分在饮水或饲料中的终浓度来标注药物使用剂量,而注射剂常以每千克体重的给药量(mg/kg 体重)来计算。

方法一:根据药物在水中的终浓度计算,如对 300 头 7 kg 的仔猪按照每千克饮水中 12 mg/kg 阿莫西林,阿莫西林产品浓度是 10%,那么该药品需要量为

$$300\times 7\ \text{kg}\times 15\%\times 100\ \text{g/t}\div 1\ 000\ \text{kg/t}\div 10\%=315\ \text{g}$$

方法二:按照每千克体重的给药量计算,如对 300 头 7 kg 的仔猪按照 12 mg/kg 体重的阿莫西林饮水给药,阿莫西林药品的浓度是 10%,那么该药品的需要量为

$$300\times7\ \mathrm{kg}\times12\ \mathrm{mg/g}\div1\ 000\ \mathrm{mg/kg}\div10\%=252\ \mathrm{g}$$

考虑水的浪费量为 30%，故实际药物需要量为

$$252\ \mathrm{g}\times(1+30\%)=327.6\ \mathrm{g}$$

在猪群健康的状况下，两种算法的药物需要量相近(315、327.6 g)。当猪群患病时，需要对饮水量进行以下校正：先根据正常饮水量估计药物需要量为 315 或 327.6 g，然后再根据采食量的降低计算耗水量，比如采食量降低为原来的 60%，那么耗水量为：300×7 kg×15%×60%=189 kg，故水的需求量为 189 kg，将 315 或 327.6 g 药物溶解于 189 kg 水中，药物在水中终浓度约为 166 mg/kg 饮水。

在计算饮水量与药物给予量时，为了消除因不同猪只之间饮水量不同所导致的误差，可采用所有猪中体重排名前 30%的猪的平均体重进行计算，而非所有猪平均体重。

最后，可根据每日添加的药物量、添加天数、药物单价来计算每头猪的治疗成本，并比对备选药物的经济性。如泰乐菌素、林可霉素、泰妙菌素、替米考星 4 种药物对肺炎支原体治疗均有效，需要先核算药物的实际添加量、添加成本、预期药效，进行经济性与有效性决策。

6.3.5　饮水给药的其他几个问题

在使用水桶饮水给药时(图 6-8)，应准确测量水桶容积，并添加刻度。加药前，应先关闭进水阀，在配置药物溶液与给药期间，进水阀门不得打开，否则药物将被不断稀释，导致药物浓度过低；对饮水桶的存水量进行连续监控，防止水桶断水；药物须先在小水桶中稀释后，再于大桶中混合，确保充分溶解；可进行 24 h 连续加药或在 8 h 工作时间内加药，两者在给药期间的饮水量不同，所需配置的药物溶液浓度也应不同。

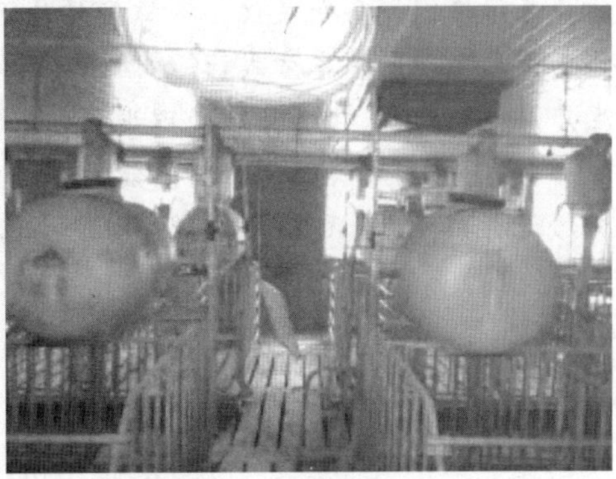

图 6-8　水桶式饮水加药

在使用自动加药器加药时应先将空气放干净；确认母液向水流中的添加比例，以 1%～4%最为常用，根据药物的溶解性与母液体积来设定不同的比例。加药结束后，应使用清水对加药器内部进行清洁。

药物溶解性除与其自身特性和水温有关外，还与水的质量(pH、硬度等)有关，药物完全溶解于水中非常重要。

还可根据本场饮水器与加药器的特点、常用药物的参数，利用 Excel 设计简易计算器，快速进行耗水量与加药量计算，同时还可以在 Excel 中加入药物成本、药物推荐剂量等参数，辅助经济决策。

第7章
猪场粪尿处理设备与设施

本章内容提要

随着猪场规模不断扩大，造成粪尿排放过度集中，其排泄量超出局部环境的承受能力，猪粪尿污染问题备受关注。本章针对此问题主要介绍了规模猪场粪尿处理的基本要求，简述猪场粪尿处理的基本方式，详细阐明了猪场固体粪肥处理设施、污水处理设施与装备、有机肥生产设施与装备、猪场臭味处理设施的重要作用及有效措施。以便猪场根据设计的养殖规模、经济实力、周围环境及土地消纳能力等情况，有针对性地选择一种或多种处理模式，对猪场粪污进行减量化、无害化处理，以资源化利用为主导方向，兼顾效益和成本，将粪污变为粪肥。

7.1 猪场粪尿处理方式

猪粪是一种很好的农家肥，是培肥改良土壤的优质有机肥资源。如果直接施用新鲜猪粪便，必将产生作物伤根、病害、草害等负面影响。据统计，年出栏在千头左右的猪场，每天产生猪粪 1.2 t 左右，如果按过去自然沤肥发酵处理，堆沤时间长(4～6 个月)、效果差，又长期堆置占地、对周围环境造成污染；同时自然堆沤发酵粪便呈烂泥状、具恶臭，难以运输，也很难直接施用。因此，妥善处理猪场粪污，可避免对环境造成污染，同时，将其作为再生资源利用，可以变废为宝(鄂禄祥和吕丹娜，2016)。

7.1.1 处理与利用的原则

无论集约化或小规模养猪生产，由于粪污处理不当导致的环境污染，不仅直接影响周围环境和本场猪群的生产力和健康，而且间接影响产品品质、生产成本和效益，成为制约养猪生产可持续发展的关键。因此，猪场养殖污染防治应遵循减量化、无害化、资源化的原则（刘洪林，2001）。

1. 减量化

首先要从猪场生产工艺上进行改进，实现污水量和污水中污染物含量的减量化，干清粪工艺是实现减量化的最佳方案，并可使固体粪污的肥效得以最大限度的保存和便于利用。

2. 无害化

猪场的高浓度有机废水处理要做到无害化并不存在技术问题，但考虑到猪场属于低效益行业的经济承受能力，以及猪场污水中的有机质和各种养分是极其宝贵的资源，如果废水处理达到直接排放的标准，不仅投资大、运行费用高，而且是资源的极大浪费，故应当充分利用当地的自然条件和地理优势，利用附近废弃的沟塘、滩涂，采用投资少、运行费用低的自然生物处理法，净化程度以达到利用要求为限，并须注意避免二次污染。

3. 资源化

在农业生态系统中，猪场粪便、污水进入无机环境（土壤），被分解者（微生物等）转化为养分和土壤肥力，供生产者（绿色植物）利用并通过光合作用转化为有机产品，这虽是生态系统物质循环的最简单形式，却足以说明粪污是极其宝贵的资源，但如果不进行处理或处理不当则会成为污染源。如果仅为防止污染而将其处理到达标并排放，不仅是对资源的极大浪费，而且必然会加大处理投资和能耗，因此，必须根据资源化利用方向来决定处理工艺和方法，以减少处理投资和能耗。如本场无多级利用条件时，可处理后作为活性有机肥或有机无机复合肥及液肥销售；有条件的场可酌情生产沼气、种植桑菜果、养鱼、养蝇蛆、种植蘑菇等，实现资源化多级利用和转化，取得更好的经济效益，并可进一步争取做到污染物的零排放，实现清洁生产，改善养猪环境，提高猪群生产力和健康水平，保障产品质量，这是作为低效益行业的养猪场走生态猪场建设的可行之路。

4. 分类化

粪尿处理与利用要从猪场建设和管理中入手。清粪方式应选择干清粪，即采取粪、尿（污水）分流，干粪集中人工收集运出舍外统一用于种植业，尿及冲洗栏舍的污水经粪沟流入污水处理设施净化处理，尽量防止固体粪便与尿及污水混合，以简化粪污处理工艺及设备，便于粪污的利用。其方法可采用有一定坡度的实体地面猪床、低处设污水沟（明沟或上盖铁箅子）的猪栏设计。

有条件的猪场产房和仔猪舍可采用网床，其他猪群采用缝隙地板。网床及缝隙地板下可不设水冲或水泡的粪沟，而设清粪通道及排粪沟，网床及缝隙地板靠排粪沟一侧用水泥柱支撑，网床或缝隙地板下的地面设 10% 的坡度，尿和水由网或缝隙地板落下，沿斜坡流入排粪沟，再由沟底最低处的侧地漏经地下排污系统排至污水处理场；漏下的粪便则留在斜坡上，用与粪沟同宽的耙子将其掏入粪沟，再推至单元墙外的集粪池，再及时推至粪处理场。

为了便于掏粪，网床或缝隙地板下的有效操作高度以 0.5 m 左右为宜，故清粪通道的标高应比饲喂通道低 0.5～0.8 m。这种设计不但避免了上述实体地面干清粪存在的问题，又使饲养员不必推粪车去粪便处理场，避免了由此途径引起的单元间、猪舍间的交叉感染。

7.1.2 粪污处理方式

规模化猪场的粪尿处理方法主要有物理、化学和生物方法。其中生物方法是对规模化猪场粪尿进行处理的一种比较有效的方法，它主要依靠微生物对畜粪污水中有机物的降解作用，来降低畜粪对环境的污染程度，包括厌氧生物处理和好氧生物处理。通过厌氧生物处理，可大量除去可溶性有机物（去除率可达85%～90%），而且还可杀死传染性病菌，有利于防疫，这是物理处理方法如固液分离或沉淀等不可取代的；好氧生物处理粪便用于农田施肥或排入河道之前的气味控制及降解有害物质（张志峰，2006）。猪粪尿及其污水的处理必须要综合采取以下几种方法，处理后才能较有效地达到排放标准，使综合处理与综合利用相互结合。

1.物理处理法

物理处理法主要利用物理作用，将污水中的有机物、悬浮物、油类及其他固体物质分离出来。

（1）过滤法　过滤主要是污水通过具有孔隙的过滤装置以达到使污水变得澄清的过程。这是猪场污水处理工艺流程中必不可少的部分。常用的简单设备有格栅或网筛。猪场过滤污水采用的格栅由一组平行钢条组成，略斜放于污水通过的渠道中，用以清除粗大漂浮和悬浮物质，如饲料袋、塑料袋、垫草等，以免堵塞后续设备的孔洞、闸门和管道。

（2）沉淀法　利用污水中部分悬浮固体密度大于1 g/cm^3 的原理使其在重力作用下自然下沉并与污水分离的方法，这是污水处理中应用最好的方法之一。沉淀法可用于在沉沙池中去除无机杂粒；在一次沉淀池中去除有机悬浮物和其他固体物；在二次沉淀池中去除生物处理产生的生物污泥；在化学絮凝法后去除絮凝体；在污泥浓缩池中分离污泥中的水分，使污泥得到浓缩。

（3）固液分离法　这是将污水中的固性物与液体分离的方法，可以使用固液分离机。目前常见的分离机有旋转筛压榨分离机和带压轮刷筛式分离机，其他的还有离心机、挤压式分离机等。

2.化学处理法

化学处理法是利用化学反应的作用使污水中的污染物质发生化学变化而改变其性质，最后将其除去。

（1）絮凝沉淀法　这是污水处理的一种重要方法。污水中含有的胶体物质、细微悬浮物质和乳化油等，可以采用该法进行处理。常用的絮凝剂有无机的明矾、硫酸铝、氯化铁、硫酸亚铁等，有机高分子絮凝剂有十二烷基苯磺酸钠、羧甲基纤维素钠、聚丙烯酰胺、水溶性脲醛树脂等。在使用这些絮凝剂时还常用一些助凝剂，如无机酸或碱、漂白粉、膨润土、酸性白土、活性硅酸和高岭土等。

（2）化学消毒法　猪场的污水中含有多种微生物和寄生虫卵，若猪群暴发传染病时，所排放的污水，就可能含有病原微生物。因此，采用化学消毒的方式来处理污水就十分必要。经过物理、生物法处理后的污水再进行加药消毒，可以回收用于冲洗圈栏及一些用具，节约了猪场的用水量。目前用于污水消毒的消毒剂有液氯、次氯酸、臭氧和紫外线等，以氯化消毒法最为方便有效，经济实用。

3. 生物处理法

生物处理法根据微生物呼吸过程的需氧要求可分为好氧处理和厌氧处理两大类，也可根据是否利用自然资源分为自然生物处理法和工厂化生物处理法。

（1）氧化塘　氧化塘是将自然净化与人工措施结合起来的污水生物处理技术。主要是利用塘内细菌和藻类共生的作用处理污水中的有机污染物。污水中的有机物由细菌进行分解，而细菌赖以生长、繁殖所需的氧，则由藻类通过光合作用来提供。根据氧化塘内溶解氧的主要来源和在净化作用中起主要作用的微生物种类，可分为好氧塘、厌氧塘、兼性塘和曝气塘4种。氧化塘可利用旧河道、河滩、无农用价值的荒地、鸭场防疫沟等，基建投资少。氧化塘运行管理简单、费用低、耗能少，可以进行综合利用，如养殖水生动植物，形成多级食物网的复合生态系统。但氧化塘占地面积较大，处理效果受气候的影响，如越冬问题和春、秋季翻塘问题等。如果设计、运行或管理不当，可能形成二次污染，如污染地下水或产生臭气。因此氧化塘的面积与污水的水质、流量和塘的表面负荷等有关，须经计算确定。

（2）活性污泥法　由无数细菌、真菌、原生动物和其他微生物与吸附的有机及无机物组成的絮凝体称为活性污泥，其表面有一层多糖类的黏质层。活性污泥有巨大的表面能，对污水中悬浮态和胶态的有机颗粒有强烈的吸附和絮凝能力，在有氧气存在的情况下，其中的微生物可对有机物产生强烈的氧化分解作用。利用活性污泥来处理污水中的有机污染物的方法称为活性污泥法。该法的基本构筑物有生物反应池（曝气池）、二次沉淀池、污泥回流系统及空气扩散系统。

（3）厌氧生物处理法　厌氧生物处理法相当于沼气发酵。根据消化池运行方式的不同，可分为传统消化池和高速消化池。传统消化池投资少、设备简单，但消化速率较低，消化时间长，易受气温的影响，污水须在池内停留30～90 d，多为南方小规模养殖场和养殖专业户采用。高速消化池设有加热和搅拌装置，运行较为稳定，在中温（30～35℃）条件下，一般消化期约15 d，常被大型养殖场广泛采用。近年来根据沼气发酵的基本原理，发展出一种填充介质沼气池，如上流式厌氧污泥床、厌氧过滤器等。其特点是加入了介质，有利于池中微生物附着其上，形成菌膜或菌胶团，从而使池内保留有较多的微生物量，并能与污水充分接触，可提高有机物的消化分解效率。

7.1.3　粪污利用

对猪粪的利用，有的是经过堆积发酵（自然发酵或微生物发酵）后直接利用，有的是经过加工成有机肥或复合肥再利用；对粪尿污水的利用，有的是经过沼气发酵后利用沼液在养殖业和种植业上利用，有的是经过三级沉淀，再经过好氧处理后用于养鱼和种植或达标后排放。

畜禽粪便利用方式也很多。随着畜禽养殖向规模化、集约化、工厂化发展，粪便排放造成环境污染的问题日益突出。近几年环境保护力度加大，国家、集体和个人，投入了大量人力、物力开展畜禽粪便污染治理，促进形成了许多种畜禽粪便的利用方式。

1. 固体圈肥的制作

在禽畜养殖的圈舍内，加入强吸附性的物质，吸附粪便中液体和挥发性物质，不仅改变圈舍卫生状况，也可减少粪便中的养分损失。常用吸附性物质有干土、草炭、作物秸秆等。制作圈肥在我国有着悠远的历史，至今分散性养殖中大都在采用该方式处理粪便。

在规模化养殖场中，采用新技术的圈肥制作方法是在畜禽进圈前，铺一层垫料，再向垫料上撒微生物制剂，粪便被垫料吸附后自然发酵而分解，可以做到一年至一年半棚内不清粪，为了使粪便和垫料充分混合，每周需人为翻转垫料1～2次，并定期添加垫料和制剂。

制作圈肥的优点：

①垫料吸附粪便，大大减轻了粪便对环境的污染。

②可免去用水冲粪便，减少对水资源的消耗。

③可免去天天清洗养殖车间的繁重工作，只需一年彻底清除圈肥一次。

④冬季床面温度可达10～25℃，床面干湿适中，有利于促进猪、鸡等禽畜的生长发育和减少饲料消耗。

⑤下痢、皮肤病和蹄肢损伤等禽畜病明显减少。

2. 发酵腐熟制肥

随着养猪业的发展，猪的存栏数量和销售数量明显增加。伴随着猪的排泄物——猪粪也在相应地增加。猪粪是非常好的有机肥料，含有大量植物生长所必需的氮、磷、钾，可促进植物的生长，可使粮食作物增产。猪粪无害化处理设备在猪粪减量化、再利用、资源化课程研究上取得突破性成果，猪粪堆肥发酵生物有机肥，降低生产成本，破解了猪粪难以循环利用，严重污染环境的顽疾。规模化猪场粪污处理方式也在发生变化，随着生物发酵技术的发展，利用猪粪生产有机肥成为一项新的措施。

猪粪有机肥发酵技术要求：

● 物料配比。1.5 t猪粪(新鲜粪便约2.5 t)加1 kg肥料发酵剂，发酵剂需与米糠(或麸皮、玉米粉等替代物)按1∶5的比例混匀后，再均匀撒入猪粪堆，混拌均匀。可加入秸秆或蘑菇渣等调节一下碳氮比。

● 物料建堆。在做堆时不能做得太小太矮，太小会影响发酵，高度在1.5～2 m，宽度2 m，长度在2～4 m以上的堆发酵效果比较好。

● 温度要求。启动温度应在15℃以上较好(四季可作业，不受季节影响，冬天尽量在室内或大棚内发酵)。

● 水分要求。发酵物料的水分应控制在65%左右。过高过低均不利于发酵，水过少，发酵慢；水过多会导致通气差、升温慢，并产生臭味。调整物料水分方法：水分过高可添加秸秆、锯末屑、蘑菇渣、干泥土粉等。水分合适与否判断办法：手紧抓一把物料，指缝见水印但不滴水，落地即散为宜。

● 翻堆通气。发酵过程注意适当供氧与翻堆(温度升至75℃或以上时要翻倒几次)，升温控制在65℃左右，温度太高对养分有影响。

猪粪生产有机肥是好氧发酵，有大量氨态氮生成，使pH升高，发酵全过程均处于碱性环境，高pH环境的不利影响主要是增加氮素损失。可以加入稻草、锯末、谷糠等辅料，促进氮的生物固定，并降低主料中氮在发酵过程中的矿化率，减少氨态氮的挥发损失。

因此，应用高温密闭有机肥生产设备处理猪粪，在添加活性菌的作用下进行生物发酵，经充分分解其中的有机质，释放出养分，所形成的生物热和高温发酵过程可杀死病菌、虫卵，除毒去臭、净化环境，生产形成高效优质有机肥和有机无机复混合肥，通过无害化转化为资源化、产业化。发酵后的有机肥具有改善土壤团粒结构、提高土壤肥力的作用。

3.沼气处理

沼气是有机物质在厌氧条件下，经过微生物的发酵作用而生成的一种可燃气体。由于这种气体最先是在沼泽中发现的，所以称为沼气。人畜粪便、秸秆、污水等各种有机物在密闭的沼气池内，在厌氧(没有氧气)条件下发酵，即被种类繁多的沼气发酵微生物分解转化，从而产生沼气(刘士清，2013)。

(1)初装料的要求　加入足够量的接种物。

在新池装料前或投料后要收集老沼气池里的沼渣、沼液、粪坑的底脚黑色沉渣、塘泥、城镇污水沟的污泥、屠宰场的污水污泥等，这些物质含有丰富的沼气细菌，接种数量要达到发酵原料的10%～30%，把接种物和原料均匀混合，一同加入池内。

(2)选用合适的发酵原料　沼气发酵原料是产生沼气的物质基础，为了保证沼气池启动和发酵有充足而稳定的发酵原料，在投料前，需要选择有机营养适合的牛粪、猪粪、羊粪等做启动的发酵原料。这些原料颗粒较细，含有较多的低分子化合物，碳氮比小于25∶1，属于适宜的发酵碳氮比，入池后启动快，产气好。不要单独用鸡粪、人粪启动，这些原料在沼气细菌少的情况下，料液易酸化，使发酵不能正常进行。

(3)沼气池初次装料时的发酵浓度要合适　沼气池第一次投料量应为池子容积的80%，若因原料暂时不足，一次性投料不能达到要求投料量(大多数家用沼气池均不可能有如此充足的原料)，则加水超过进出料口15 cm，封闭发酵间进行发酵。第一次投料浓度采用6%～10%，若沼气池中原料和水的比例难以估计，宁可稍稀，不要太浓，否则易酸化。

(4)沼气池安全发酵应注意的问题　在沼气池内，沼气细菌接触到有害物质时就会中毒，轻者停止繁殖，重者死亡，导致沼气池停止产气。因此，在日常管理中，不要误向池内投入下列有害物质：各种剧毒农药，特别是有机杀菌剂、抗生素、驱虫剂；重金属化合物，含有毒性物质的工业废水、盐类；刚消过毒的禽畜粪便；喷洒了农药的作物茎叶；能做土农药的各种植物如桃树叶、苦楝叶等；辛辣物如葱、蒜、辣椒、韭菜、萝卜等的苗；洗衣粉、洗衣服的水。如果发现中毒，将池内发酵料液取出一半，再投入一半新料，再产气排空2～3 d就能正常产气。

(5)提高沼气池产气率的措施　沼气池投料启动后，料液发酵过程中需要注意控制和调整发酵条件，维持发酵产气的稳定性，使沼气池产气好、产气旺。要达到以上效果，应做好如下操作要点：

①沼气池要勤加料、勤出料。加入沼气池的发酵原料经沼气细菌发酵产生沼气，原料中的营养成分会逐渐地被消耗或转化，如果不及时补充新鲜原料，沼气细菌就会“吃不饱、吃不好”，产气量就会下降。为了保持沼气细菌有充足的食物，使产气正常就要不断地补充新鲜原料。沼气池进料时应先出料，后进料，做到出多少进多少，以便保持气箱容积。如果长期只进料而不出料将会造成气箱容积被发酵液占满而没有沼气可用。

②经常搅拌沼气池内的发酵原料。发酵原料与沼气细菌均匀接触，才能保证正常发酵产气。经常搅拌沼气池内的发酵原料有两个好处：一是能使沼气池内发酵原料和细菌分布均匀，沼气细菌充分接触发酵原料，营养好，迅速生长繁殖，提高产气量；二是可以打破上层结壳，使中上层所产生的附着在发酵原料上的沼气由小气泡聚集成大气泡并上升到气箱内。

③控制发料液的酸碱度。发酵原料过浓，使挥发酸积累过多，就会导致产甲烷菌的生长受到抑制，造成杂气过多而不能着火燃烧。判断发酵液是否过酸可用pH试纸来判定。料液正常pH为6.8～7.5。发现料液过酸，可以从进料口加入适量的石灰水(不能用石灰块，否则易

生沉淀物)或草木灰等碱性物质,同时用长把粪勺伸入进料口来回搅动。

俗话说"三分建池,七分管理",在沼气池日常使用过程中,由于各户的发酵原料、发酵浓度、用气量及炉具等因素不同,需要广大用户认真观察自己的沼气池的运行情况,经常检查管路,发现问题及时处理,不断总结经验,才能最大限度发挥沼气池的效益。

4. 种养结合

主要有"猪—沼—果""猪—沼—菜""猪—沼—稻"等模式。近几年来,大力推广"猪—沼—果"生态养猪模式,推行牧果结合、牧粮结合、牧菜结合等种养模式,建立与种植业紧密结合的畜牧业生态经济体系,在一定程度上加强了养猪场环境污染治理工作。而且还从猪拓展到牛、禽,果拓展到蔬菜、花卉、粮食等农作物,如:果园养鸡、稻鸭共栖等模式。

5. 养养结合利用

主要有"猪—沼—鱼""猪—沼—珠""猪—珠"共养、"鸭—珠"共养等。

6. 养种养结合利用

主要有"养—养—种"模式,利用猪粪尿及沼液养鱼、养珍珠等,水面种植水生植物;"养—种—养"模式,主要为猪粮结合,用猪粪尿种植粮食作物,利用粮食发展养殖业;还有"养猪—种桑—养蚕—养鱼""养猪—种草—养鱼""养猪—种食用菌—菌糠养畜""养猪—种草—养畜""猪—沼—草—鱼"等。

7.2 固体粪肥处理设施

7.2.1 有机肥生产设施

1. 生产工艺

①原料发酵;

②原料自动配料;

③破碎、混料;

④圆盘造粒、滚筒造粒、挤压造粒;

⑤烘干机烘干有机肥颗粒;

⑥冷却机冷却有机肥颗粒;

⑦筛分机筛分出合格有机肥颗粒;

⑧智能小型配肥设备;

⑨涂膜机涂膜颗粒,更光滑;

⑩包装秤自动灌装有机肥颗粒;

⑪封口。

2. 工艺流程

利用猪粪有机肥生产线加工商品有机肥需要两个步骤:前期发酵与处理部分和深加工造粒部分。生物有机肥设备配套需要发酵翻抛机、有机肥粉碎机、滚筒筛分机、卧式混合机、圆盘造粒机、回转烘干机、冷却机、筛分机、包膜机、包装机、输送机等设备。

3. 发酵剂

①选择好氧型发酵剂。肥料发酵剂的发酵类型主要有两种，即：好(耗)氧发酵和厌氧发酵，一般来说，在制肥料或基质时，好氧发酵其发酵强度和彻底程度均远优于厌氧发酵。厌氧发酵是在特定的密闭条件下进行的，如制作沼气，或因高度缺氧，一些兼性微生物被迫厌氧发酵(特殊专性厌氧微生物除外)。好氧发酵条件要求相对较宽松，发酵较彻底，如金宝贝肥料发酵剂就属于好氧型发酵，在发酵过程中可露天也可室内放置，发酵功能强大，产物外观内质均优。

②选择复合型发酵剂。不同用途的发酵剂来源不同，组成成分比例及功能也不同，有的是单一功能菌，如只含酵母菌或放线菌，有的是多种复合功能菌，综合功能较强；有的是简单自繁自用菌，未经专业化提纯复壮，本身身体"不强壮"，有的甚至虚弱，效果不稳定，导致功能大打折扣或基本无效。目前发酵剂尚无行业标准，仍参照国家微生物肥料标准，其有效功能活菌数含量在每克 5 000 万个以下的属不合格产品。辨别的办法是一要细看说明书，二要向厂商或技术人员咨询相关详情，三是可以小批量先试用(李章海，2014)。金宝贝微生物肥料发酵助剂属于国内首创的天然复合发酵菌剂，是由细菌、丝状菌、酵母菌、放线菌等多种天然有益的活性功能微生物组成的菌群，综合美日韩等国微生物工程技术工艺流程之精华，结合自有知识产权，经严格专业化筛选和多次提纯复壮精工研制而成的，能确保菌种强大的好(耗)氧发酵分解降解功能，是符合国家环保和绿色食品生产资料要求的基质、有机肥(或粗饲料)的专用微生物发酵菌剂。

③选择发酵后杂菌少的发酵剂。发酵完成后杂菌越少越好，如果杂菌多，相当于养了一群"只管吃米不会下蛋"的鸡，白白消耗营养，增加成本费用。有的条件不太好的非专业厂商生产的发酵菌种或用户自留的发酵菌种，甚至出现"反客为主"，即杂菌还远多于功能菌的可笑现象。金宝贝生物发酵剂发酵后基本无杂菌，因而施用金宝贝生物发酵剂发酵制作的有机肥或基质，与同类产品的相比，明显地降低了病虫害及杂草的发生率。

④选择操作简单的发酵剂。有的发酵剂，包括国外一些产品，不但价格昂贵，其致命的缺陷是操作非常麻烦，一会儿要加糖、一会儿又要添醋、一会儿培养、一会儿活化，折腾个没完，用户活脱脱被当成了科研人员，而且一不留神，极易导致失败，这种产品只能算半成品，烦琐的操作导致失败的可能性很大，使得这类产品只具备科研价值而基本不具备现实推广价值。将本应融入合格产品中的一些工序流程剥离出来，让用户去操作，既额外增加了工作量，更增加了失败的可能性，这种产品是不合格或称不完全的产品。越是高科技的东西，其操作就越是应该简单方便，最好是"傻瓜式"操作。如金宝贝肥料发酵剂，只需混好物料，调好水分，翻倒几次即可完成，非常简单易操作。

7.2.2　猪粪有机肥设备

1. 处理设备

槽式翻堆机(图 7-1)由传动装置、行走装置、翻堆装置、转移车等主要部件组成。电动机直接将动力传给减速器经链轮至翻堆滚筒，滚筒上的搅拌桨叶呈螺旋分布，可将发酵槽内的物料翻转搅拌移动至 0.7～1 m 远的位置，起到翻堆速度快、搅拌均匀的效果，从而达到物料与空气的充分接触，使物料的发酵效果更好。

图 7-1　发酵槽式翻堆机

①槽式翻抛机参数。

● 动力传动装置由电机、减速机、链轮、轴承座、主轴等组成，它是为翻堆滚筒提供动力的重要装置。

● 行走装置由行走电机、传动齿轮、传动轴、行走链轮等组成。

● 提升装置由卷扬机、联轴器、传动轴、轴承座等组成。

● 翻堆装置由链轮、支撑臂、翻堆滚筒等组成。

● 转移车由行走电机、传动齿轮、传动轴、行走轮等组成，它是为翻堆机换槽提供临时运载的工具。

②槽式翻抛机要求。

● 槽式翻抛机的工作宽度范围在 1～9 m；

● 翻抛的深度在 0.8 m 以上；

● 工作效率高，控制简便，对主机负荷随时监控；

● 工作速度可选无级变速配置，适应物料负荷变化。

2. 搅拌设备

混凝土搅拌机的用途就是机械化地拌制混凝土，其种类较多，分类方法和特点如下。

按照不同分类方法，主要有以下几种分类。

①按作业方式分为循环作业式和连续作业式两种。

循环作业式的供料、搅拌、卸料三道工序是按一定的时间间隔周期进行的，即按份拌制。由于拌制的各种物料都经过准确称量，故搅拌质量好。生产中大多采用此种类型的作业方式。

连续作业式的上述三道工序是在一个较长的筒体内连续进行的。虽然其生产率较循环作业式高，但由于各料的配合比、搅拌时间难以控制，故搅拌质量差，生产中使用较少。

②按搅拌方式分为自落式搅拌、强制式搅拌两种。

自落式搅拌就是把混合料放在一个旋转的搅拌鼓内，随着搅拌鼓的旋转，鼓内的叶片把混合料提升到一定的高度，然后靠自重自由撒落下来。这样周而复始地进行，直至拌匀为止。这种搅拌方式一般用于拌制塑性和半塑性混凝土。

强制式搅拌是搅拌鼓不动，而由鼓内旋转轴上均置的叶片强制搅拌。这种搅拌方式拌制质量好，生产效率高；但动力消耗大，且叶片磨损快。一般适用于拌制干硬性混凝土。

③按装置方式分为固定式和移动式两种。

固定式搅拌机是安装在预先准备好的基础上，整机不能移动。它的体积大，生产效率高。

多用于搅拌楼或搅拌站。

移动式搅拌机本身有行驶车轮，且体积小，重量轻，故机动性能好。应用于中小型临时工程。

④按出料方式分为倾翻式和非倾翻式两种。

倾翻式靠搅拌鼓倾翻卸料，而非倾翻式靠搅拌鼓反转卸料。

⑤按搅拌鼓的形状不同，有梨形、鼓筒形、双锥形、圆盘立轴式和圆槽卧轴式五种。前三种系自落式搅拌；后两种为强制式搅拌，国内较少使用。

⑥按搅拌容量分为大型(出料容量 1 000～3 000 L)、中型(出料容量 300～500 L)和小型(出料容量 50～250 L)。

[注意事项]

①搅拌机应设置在平坦的位置，用方木垫起前后轮轴，使轮胎搁高架空，以免在开动时发生走动。

②搅拌机应实施二级漏电保护，上班前电源接通后，必须仔细检查，经空车试转认为合格，方可使用。试运转时应检验拌筒转速是否合适，一般情况下，空车速度比重车(装料后)稍快 2～3 转，如相差较多，应调整动轮与传动轮的比例。

③拌筒的旋转方向应符合箭头指示方向，如不符合，应更正电机接线。

④检查传动离合器和制动器是否灵活可靠，钢丝绳有无损坏，轨道滑轮是否良好，周围有无障碍及各部位的润滑情况等。

⑤开机后，经常注意搅拌机各部件的运转是否正常。停机时，经常检查搅拌机叶片是否打弯，螺丝有否打落或松动。

⑥当混凝土搅拌完毕或预计停歇 1 h 以上，除将余料出净外，应用石子和清水倒入料筒内，开机转动，把黏在料筒上的砂浆冲洗干净后全部卸出。料筒内不得有积水，以免料筒和叶片生锈。同时还应清理搅拌筒外积灰，使机械保持清洁完好。

⑦下班后及停机不用时，应拉闸断电，并锁好开关箱，以确保安全。

3. 粉碎设备

半湿物料粉碎机(图 7-2)是一种针对发酵过的禽类粪便、城市污泥、药渣、酒精渣，以及水分在 20%～40%之间的物料，粉碎效果好，不用筛分，无筛网的新型高效单转子可逆式破碎机，对物料含水率适应性强，尤其对发酵后的腐熟垃圾或其他含水率≤30%的物料可进行制粉。制粉粒度可达到 20～30 目，能满足一般有机肥、生物有机肥、粉状有机肥造粒设备的进料粒度要求，是有机肥设备的理想设备之一。

图 7-2　半湿物料粉碎机

双机湿料粉碎机是在原半湿物料粉碎机基础上又改进的一款双轴双电机双粉碎室的新型粉碎机，该机对生物发酵有机肥物料水分允许值达到 25%～50%，粉碎粒度能达到 20～30 目以上，使有机肥料厂家能够达到直接造粒的标准。粉碎机针对城市生活垃圾有机肥中的玻璃、陶瓷、砖块等硬物料也起到一定的粉碎作用，能够顺利达到安全生产施用的效果，另外双机粉碎机对发酵好的物料，堆肥生产中的鸡粪、牛粪、猪粪、污泥、腐殖酸等原料粉碎效果也相当好，能提供有效、经济、环保、高性能产品。

（1）半湿物料粉碎机的结构

a. 机架部分：所有机械的正常运转都离不开牢固的机架，该机机架采用优碳钢板、槽钢焊接而成，并通过了严格的产品合格认证和特定的工艺要求，以达到本机所使用的目的。

b. 转子破碎部分：该机其转子结构新颖、设计合理，采用了上下双层刀片破碎，粉碎效果是其他产品的两倍，物料从进料口进入破碎室，经双层刀片的不断研磨，使物料达到造粒要求。其内部衬板采用高强度衬皮，经久耐磨，彻底摆脱了物料黏壁现象。

c. 传动连接部分：该机采用了柔性皮带传动。其由电动机带动皮带轮、皮带，直接传递给主轴，使主轴高速旋转，以达到破碎效果。

（2）半湿物料粉碎机工作原理

半湿物料粉碎机是粉碎高湿度、多纤维物质的专业粉碎设备。半湿物料粉碎机利用高速旋转刀片，粉碎纤维粒度好，高效高能。半湿物料粉碎机多用于有机肥生产加工环节，对粉碎鸡粪、腐殖酸等原料有很好的效果。

（3）半湿物料粉碎机优点

a. 半湿物料粉碎机采用双级转子上下两级粉碎，物料经过上级转子粉碎机成的颗粒，然后再输送到下级转子继续粉碎成细粉状，达到了料粉料、锤粉料的最佳效果，最后出料口直接卸出。

b. 半湿物料粉碎机没有设计筛网筛底，百余种物料都可以粉碎，不会堵塞。即使是刚从水里捞上来的物料也可以粉碎，不会因湿料粉碎而堵塞，造成烧坏电机，影响生产。

c. 半湿物料粉碎机采用高合金耐磨锤头，锤片采用锻打制造，特别坚固耐磨，增加了锤片的使用寿命。

d. 半湿物料粉碎机采用双向调隙技术，锤片如果磨损了，不需要修复，锤片的位置就可以继续使用。调节锤头与衬板之间的间隙就可以控制物料的物料粒度。

e. 半湿物料粉碎机只需要一人就可以操作，不仅安全可靠，而且方便操作。

f. 半湿物料粉碎机集中注油，正常工作下，不需要停机即可注入油。

（4）注意事项

a. 设备在安装通电后需向轴承座内加注 3 kg 润滑脂。

b. 设备在运转 72 h 后需向轴承座内补充润滑脂。

c. 停机时需等机器内部物料出完后方可停机。

d. 如遇突然断电，机器内尚有残存物料时需手动拨动三角带将物料清出。

e. 如遇粉碎物出料过大时，请打开机器两边的螺丝，然后观察刀片是否已经磨损成圆弧状，如果磨损成圆弧状，可拔掉销子把刀头掉个面继续使用，如果磨损非常严重请更换新刀头。

4. 猪粪造粒设备

（1）猪粪造粒机参数　猪粪造粒机（图 7-3）在 SKJ3 系列有机肥造粒机的基础上，配置相应的抛圆装置，使圆柱状颗粒一次滚制成球、无返粒、成球率高、强度好、美观适用，是当今有机肥（生物）制球状颗粒的理想设备。

型号：SKJ3-450；

电动机：55 kW；

平模直径：450 mm；

模孔规格：$\Phi2$—$\Phi8$；

颗粒含水量：原物料小于 15%～20%；

机体体积：长×宽×高＝2 300 mm×1 100 mm×1 600 mm；

传动方式：齿轮传动；

颗粒产量：1～1.5 t/h；

机体重量：4 300 kg。

(2)适用范围及特点　SKJ 系列斜轮颗粒机是引进德国先进制粒技术，经过不断改进和创新而研制的多功能颗粒机，猪粪造粒机主要性能特点：

a. 该机型压辊采用斜轮，且两端与模盘内、外圈线速一致，不出现轮与模的错位摩擦，减少了阻力，降低了动能损耗，延长了模具的使用寿命。

b. 压辊均匀设置，运转平稳，杜绝了普通平模压辊容易进料的现象。

c. 采用中心调压结构，适应不同的物料，保证压制效果。木屑、玉米秸秆等压缩成型需要很大的压力，在同类制粒设备中，辊轮部件是整个设备的中心部件，且采用优质合金钢，提高了辊轮的使用寿命。

d. 该机型备有 $\Phi2$～8 mm 多种孔径模具，适应不同物料造粒，达到最佳效果。

e. 适用于生物菌肥、有机肥、复混肥等低温造粒。

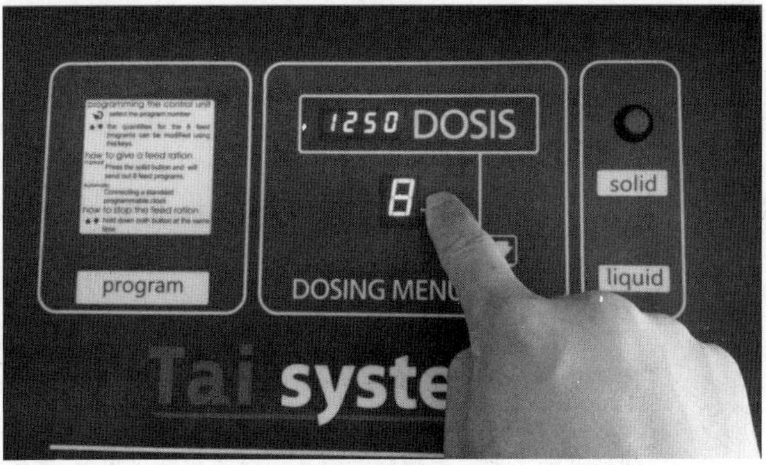

图 7-3　猪粪造粒机

5. 烘干设备

随着我国农业的发展，农副产品越来越被人们所重视。禽畜粪便对环境的污染越来越严重，然而鸡粪、牛粪、羊粪、猪粪中含有丰富的营养成分和微量元素，是很好的有机肥料。开发鸡粪、牛粪、羊粪、猪粪为复合有机肥料，不仅能变废为宝，而且能减少环境污染，防止疫病蔓延，具有较好的经济效益和社会效益。

猪粪烘干机可将含水量 65%左右的鲜猪粪或其他糟渣，经过上料、高温烘干、除尘、冷却等工艺过程，制成含水量 13%以下的无臭颗粒状成品，可用作有机肥或饲料的主要原料。猪粪烘干机操作弹性大，干燥成本低，适应性强，可靠性高，处理能力大，燃料消耗少，抗过载能力强，筒体运行平稳，能够使用高温热风对物料进行快速干燥，设计考虑了生产余量，即使产量小幅度增加，也无须更换设备。设备采用调心式拖轮结构，拖轮与滚圈的配合好，大大降低了磨损及动力消耗。专门设计的挡轮结构，大大降低了由于设备倾斜工作所带来的水平推力。

(1)主要特点

a.机械化程度高，生产能力较大，可连续运转。

b.可将含水分60%的鲜猪粪经过高温烘干、消毒灭菌、分解等工序烘干成含水分13%以下的纯猪粪有机肥或与秸秆混合的猪粪颗粒饲料。

c.结构优良、简单，物料通过筒体阻力运行平稳、操作方便。

d.适用范围广，产品干燥的均匀性好。

e.猪粪有机肥烘干含氮量为2.6%，含磷量为3.5%，含钾量为2.5%，粗蛋白含量为16%～25%，有机质含量为45%，是无公害绿色食品种植的最佳选用肥料。

f.该产品以鲜鸡、猪粪为原料，不含任何化学成分，而鸡、猪消化能力差，只能消耗掉25%的营养成分，而饲料中另外75%营养成分随粪便排出，从而使干成品含氮、磷、钾、有机质、氨基酸、蛋白质等。猪粪烘干机既为企业创造了经济效益，又为人类的环保工程做出了巨大贡献。

(2)主要组成结构

其主要组成结构包括上料机、热风炉、烘干机、除尘器、电机、风机、电器控制柜等。

6.冷却设备

回转式冷却机是一种处理大量物料的冷却器。由于运转可靠、操作弹性大、适应性强、处理量大，而使用广泛。

(1)回转式冷却机结构　筒体—前辊圈—后辊圈—齿轮—挡辊—拖辊—小齿轮—出料部分—扬板—减速机—电机—热风道—进料溜槽—炉体—冷却水

另外可根据用户需求设计冷却槽或配套提升机、皮带输送机、定量给料机、旋风除尘器、引风机等。

(2)回转式冷却机工作原理　干燥的湿物料由皮带输送机或斗式提升机送到料斗，然后经料斗的加料机通过加料管道进入加料端。加料管道的斜度要大于物料的自然倾角，以便物料顺利流入冷却器内。冷却器圆筒是与水平线略呈倾斜角的旋转圆筒。物料从较高端加入，载热体由低端流出，与物料成逆流接触，也有载热体和物料一起并流进入筒体的。随着圆筒的转动，物料受重力作用运行到较低的一端。湿物料在筒体内向前移动过程中，直接或间接得到了载热体的给热，使热物料得以冷却，然后在出料端经皮带机或螺旋输送机送出。在筒体内壁上装有抄板，它的作用是把物料抄起来又撒下，使物料与气流的接触表面增大，以提高冷却速率并促进物料前进。冷却体一般为冷空气。载热体经冷却器以后，一般需要旋风除尘器将气体内所带物料捕集下来。如需进一步减少尾气含尘量，还应经过袋式除尘器或湿法除尘器后再排放。

7.筛分设备

猪粪尿筛分机(图7-4)是一种高精度细粉筛分机械，也称为三次元振动筛或三次元旋振筛，其噪声低、效率高，快速换网需3～5 min，全封闭结构，适用于粒、粉、黏液等物料的筛分过滤。该系列旋振筛根据不同的应用分为普通型旋振筛，闸门型旋振筛，加缘型旋振筛，以及超声波型旋振筛等。普通型旋振筛主要针对通用粉体、小颗粒物料进行筛分作业。闸门型旋振筛(淀粉专用筛、粉末冶金专用筛)是在实际应用中衍生的一种产品，多用于超轻、超细物料的筛分，可以一次投料长久筛分作业，同过控制闸门的开合以达到良好筛分的目的，这种筛分作业多用于中药粉、花粉等行业。加缘型旋振筛(泥浆专用旋振筛)是在普通型旋振筛的基础上增大入料口，并通过特殊角度设计以防止液体飞溅的过滤型筛分设备，在油漆、水过滤和纸浆过滤等行业有着广泛的应用。

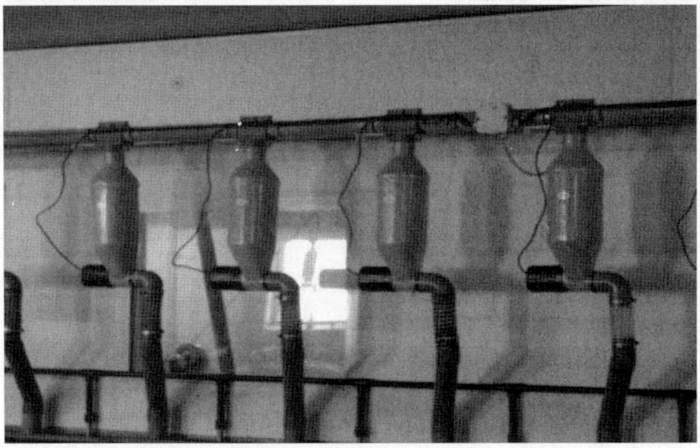

图 7-4 猪粪尿筛分机

(1)猪粪尿筛分机的基本原理　振动筛分机是一种物料在筛面做圆形振动、多层数、高效新型振动筛。电机上下端所安装的重锤(不平衡重锤)将电机的运动转变为水平、垂直、倾斜的三次元运动，再把这个运动传递给网面。改变电机上下重锤的相位角可以改变原料的运动方向。

振动筛分机采用筒体式偏心轴激振器及偏块调节振幅，使用维修方便；采用弹簧钢编织筛网或冲孔筛板，使用寿命长，不易堵孔；采用橡胶隔振弹簧，具有寿命长、噪声小、过共振区平稳等优势。

(2)猪粪尿筛分机的优点

a. 效率高、设计精巧耐用，任何粉类、黏液均可筛分。

b. 换网容易、操作简单、清洗方便。

c. 网孔不堵塞、粉末不飞扬、可筛至 500 目或 0.028 mm。

d. 杂质、粗料自动排出，可以连续作业。

e. 独特网架设计，筛网使用时间长久，换网快只需 3～5 min。

f. 体积小，不占空间，移动方便。

g. 筛机最高可以达到 5 层，建议使用 3 层。

h. 筛机设计精巧容易装配，一人即可操作使用。

i. 独特的网架结构(子母网分离式)其母网完全支撑细网，细网可获得较长寿命而降低细网耗材使用，由于长时间之生产过程可降低诸多成本，可快速更换细网(仅需 3～5 min)。

8. 回转式包膜机

回转式包膜机成套设备由螺旋输送机、搅拌槽、油泵、主机等组成，用粉体扑粉或液体涂膜工艺，能有效防止复合肥料的结块。回转式包膜机主要技术参数见表 7-1。

表 7-1　回转式包膜机主要技术参数

规格	筒体				生产能力/(t/h)	功率/kW
	内径/mm	长度/mm	倾角/(°)	转速/(r/min)		
BM1200×4000	1 200	4 000	3	14	5	5.5
BM1400×4000	1 400	4 000		13	7	7.5
BM1600×6000	1 600	6 000		12	15	11
BM1800×8000	1 800	8 000		12	30	15

7.2.3　沼气生产设施

1. 塔式小型高效沼气池

(1)特点

a. 沼气装置已工厂化生产,用钢丝网和水泥制成预制件、现场组装。

b. 节省材料、成本低。可节省建材 10%～15%,降低成本 13%。

c. 施工方便、适合广大农村使用,标准化、规范化程度高。

d. 产气率高。

e. 出料方便,配有简易提粪器,可供搅拌和出料用。

(2)技术规格　池容产气率 0.44 $m^3/(m^3 \cdot d)$;原料利用率 0.3 m^3/kg TS,年产气 600 m^3。

2. 小型组合折流式沼气池

小型组合折流式沼气池采用了折流式斗墙布水、料液自动循环技术,池体由多个箱体组合而成,可工厂化生产,与普通农用沼气池相比,克服了手工现场浇注时间长、成本高、制造困难的缺点,它的研制成功使沼气建设由手工制作向工业化、商品化大规模生产成为可能,对农村的沼气建设起着积极作用。

(1)特点

a. 耐久性好,取材方便,制造容易,能工厂化生产。

b. 适应性广,施工方便,时间短,占地面积小,池体强度高,整个沼气池可以搬迁。

c. 产气率和原料分解率高,池容产气率在 0.4 $m^3/(m^3 \cdot d)$。

(2)技术参数

a. 地基承载力大于 7 t/m^3,地下水位应低于 0.7 m。

b. 气箱贮气能力为 0.75 m^3,贮气气压设计最高为 7 840 Pa(800 毫米水柱),以出料管下口标高为限压高度,以出料管作为自动限压安全装置,最大装料容积 95%。

c. 埋置深度 2.2 m,池体总重 1 500 kg,占地 2.5 m^2。

d. 采用湿发酵工艺,干物质浓度在 10%以下,启动采用清水(半池)加接种物,再逐渐按日定量加入发酵原料。布水方式采用空心斗墙折流布水。利用沼气产生的动力,发酵料液自动单向循环出水和回水,用塑料薄膜软管作单向止向阀。

(3)材料与处理

a. 钢丝网采用直径 Φ0.9～1 mm 冷拉钢丝织网,网格 10 mm×10 mm,钢丝强度 4 000 kg/cm^2,

无锈蚀。

b. 钢筋采用低碳冷拉钢丝 $\Phi3$。

c. 箱体预制构件砂浆为 M40，盖板等混凝土构件为 C30。

d. 钢丝网水泥构件保护层为 2 mm。

e. 密封层采用水泥水玻璃浆或其他防水密封涂料。涂料必须不怕水且不与水泥起化学反应。

(4)安装与施工

a. 土坑开挖必须留足施工位置，坑体保持水平和平整。严格控制标高，安装前必须吊线检查一遍。开挖时不能直劈开挖，应视土质留足坡度。

b. 有地下水应开挖引水坑，安装时加强排水。若地下水位过高区(或雨季施工)，池体安装后，应在下半池中装水或在下半池池体留有排水孔，也可在土坑壁钉桩压住下半池，防止定位后地下水位过高将池体浮起。

c. 接缝处应清理基面并打毛，先刷一遍水泥净浆，然后放接头砂浆。接头砂浆 1∶1。

d. 安装接缝和回填土必须在一天内连续完成，防止中途出现不利天气或地下水的破坏。

e. 安装完毕后即可做第一遍密封施工。密封层采用水泥砂浆和水泥净浆或水泥水玻璃浆。在水泥砂浆密封试压合格后再采用防水涂料密封。

f. 沼气池箱体安装后，在做密封处理前做好池坑周围的回填土。回填土必须层层夯实。若泥土太湿、太黏可适当掺沙。

g. 入孔及盖板(活动盖)施工。入孔设方孔，孔周围必须按图纸要求加固加厚，孔壁平直，坡度与盖板一致。入孔盖板设方形反盖，盖板四周成棱台，锥度与入孔坡度一致。

h. 管路安装要求室外埋地，有一定坡度，在管路最低点装排水装置，室内要求横平竖直。管材采用 PVC 硬管和高压聚乙烯半硬管，在接近沼气炉时允许用一小段软管连接。

(5)检验方法

a. 先检验沼气池各部尺寸、标高、进料沟、溢料口等，然后试压。

b. 试压可采用水试压或空气试压。充气或加水试压前，沼气池水压箱内应加足水，防止加压过速过高使沼气池上下脱节。

c. 试压压力 800 mm 水位，观察 24 h，下降在 3%以内合格。

7.3　污水处理设施与装备

万头猪场若采用漏缝地板式饲养，每天将排放污水 200～300 m^3，一年可排放污水高达 7.5 万～11.0 万 m^3。但污水中富含高浓度的有机物和大量病原微生物，如 COD 高达 10 000～12 000 mg/L、BOD 9 500 mg/L、悬浮物 21 000～130 000 mg/L、氨氮(NH_3—N)3 000 mg/L、总氮 30 g/L。为防止猪场污水对周围环境水体造成污染，必须加强猪场管理，要求通过限制应用大量水体冲洗猪粪、减少地表降水流入污水收集和处理系统，同时通过污水多级沉淀、固液分离，减少污水有机物的含量，并对猪场排放的污水进行适当处理。

7.3.1 污水处理方法

污水处理方法按照其作用可分为物理法、生物法和化学法三种。

①物理法：主要利用物理作用分离污水中的非溶解性物质，在处理过程中不改变化学性质。常用的有重力分离、离心分离、反渗透、气浮等。物理法处理构筑物较简单、经济，用于村镇水体容量大、自净能力强、污水处理程度要求不高的情况。

②生物法：利用微生物的新陈代谢功能，将污水中呈溶解或胶体状态的有机物分解氧化为稳定的无机物质，使污水得到净化。常用的有活性污泥法和生物膜法。生物法处理程度比物理法要高。

③化学法：利用化学反应作用来处理或回收污水的溶解物质或胶体物质的方法，多用于工业废水。常用的有混凝法、中和法、氧化还原法、离子交换法等。化学处理法处理效果好、费用高，多用作生化处理后的出水，做进一步的处理，提高出水水质。

7.3.2 废水处理工艺

1. 固液分离

无论畜禽养殖场废水采用什么系统或综合措施进行处理，都必须首先进行固液分离，这是一道必不可少的工艺环节，其重要性及意义主要在于：首先，一般养殖场排放出来的废水中固体悬浮物含量很高，最高可达 160 000 mg/L，相应的有机物含量也很高，通过固液分离可使液体部分的污染物负荷量大大降低；其次，通过固液分离可防止较大的固体进入后续处理环节，防止设备的堵塞损坏等。此外，在厌氧消化处理前进行固液分离也能增加厌氧消化运转的可靠性，减小厌氧反应器的尺寸及所需的停留时间，降低设施投资并提高 COD 的去除效率。固液分离技术一般包括：筛滤、离心、过滤、浮除、沉降、沉淀、絮凝等工序（王伟和张存根，2004）。目前，我国已有成熟的固液分离技术和相应的设备，其设备类型主要有筛网式、卧式离心机、压滤机以及水力旋流器、旋转锥形筛和离心盘式分离机等。

2. 厌氧处理

由于养殖业废水属于高有机物浓度、高氮磷含量和高有害微生物数量的“三高”废水。因此厌氧技术成为畜禽养殖场粪污处理中不可缺少的关键技术。对于养殖场这种高浓度的有机废水，采用厌氧消化工艺可在较低的运行成本下有效地去除大量的可溶性有机物，COD 去除率达 85%～90%，而且能杀死传染病菌，有利于养殖场的防疫。如果直接采用好氧工艺处理固液分离后的养殖业废水，虽然一次性投资可节省 20%，但由于其消耗的动力大，电力、流水消耗是厌氧处理的 10 倍之多，因此长期的运行费用将给养殖场带来沉重的经济负担。

目前用于处理养殖场粪污的厌氧工艺很多，其中较为常用的有以下几种：厌氧滤器（AF）、上流式厌氧污泥床（UASB）、复合厌氧反应器（UASB＋AF）、两段厌氧消化法和升流式污泥床反应器（USR）等。近年来，厌氧消化即沼气发酵技术已被广泛地应用于养殖场废物处理中，到 2002 年底我国畜禽养殖场大中型沼气工程数量已经达到 2 000 余处，是世界上拥有沼气装置数量最多的国家之一。虽然，在我国的沼气工程建设中也不乏失败的例子，工程建设成功率仅为 85%，但这一技术不失为解决畜禽粪便污水的无害化和资源化问题的最有效的技术方案。畜禽粪便和养殖场产生的废水是有价值的资源,经过厌氧消化处理既可以实现无害化,同时还可以回收沼气和有机肥料,因此建设沼气工程将是中小型养殖场粪便污水治理的最佳选择。

3. 好氧处理

好氧处理是指利用好氧微生物处理养殖废水的一种工艺。好氧生物处理法可分为天然好氧处理和人工好氧处理两大类。

天然好氧生物处理法是利用天然的水体和土壤中的微生物来净化废水的方法,亦称自然生物处理法,主要有水体净化和土壤净化两种。前者主要有氧化塘(好氧塘、兼性塘、厌氧塘)和养殖塘等;后者主要有土地处理(慢速渗滤、快速渗滤、地面漫流)和人工湿地等。自然生物处理法不仅基建费用低,动力消耗少,该法对难以生化降解的有机物、氮磷等营养物和细菌的去除率也高于常规的二级处理,部分可达到三级处理的效果。此外,在一定条件下,该法配合污水灌溉可实现污水资源化利用。该法的缺点主要是占地面积大和处理效果易受季节影响等,但如果养殖场规模小且附近有废弃的沟塘和滩涂可供利用时,应尽量选择该方法以节约投资和处理费用。人工好氧生物处理是采取人工强化供氧以提高好氧微生物活力的废水处理方法。该方法主要有活性污泥法、生物滤池、生物转盘、生物接触氧化法、序批式活性污泥法(SBR)、厌氧/好氧(A/O)及氧化沟法等。就处理效果来讲,接触氧化法和生物转盘的处理效果要好于活性污泥法,虽然生物滤池的处理效果也很好,但易于出现滤池堵塞现象。氧化沟、SBR 和 A/O 工艺均属于改进的活性污泥法。氧化沟出水水质好、产生泥量少,也可对污水进行脱氮处理,但其处理的 BOD 负荷小、占地面积大、运行费用高。SBR 法自动化控制程度高,能够对污水进行深度处理,但其缺点是 BOD 负荷较小,一次性投资也大。A/O 法是一种兼有去除 BOD 和脱氮双重作用的活性污泥处理工艺,其投资虽然偏大,但经该法处理后的水易于达标排放。因此对于那些养殖规模大、废水产生量多且有较强经济能力的养殖场可选择 A/O 法,而对于中等规模的养殖场可选择接触氧化和生物转盘等好氧处理工艺。

4. AOF 工艺

采用预处理、生物处理和精处理技术路线,减少后续粪污处理工程,液体部分与猪舍冲洗水混合进入高效折流厌氧反应器(ABR)进行厌氧污水处理,再进入沙滤床流入氧化塘,然后进入一级凤眼莲吸收塘,出水经过自然氧化塘氧化后进入二级凤眼莲吸收塘,有利于后续厌氧发酵处理,适用与中小型养猪场污水处理。

5. 酸化＋高速滤池＋生物氧化塘

北京市大兴区某猪场饲养生猪 5 000 头,采用水冲清粪工艺,每日排污量为 100～120 t,设计通过自然沉淀法对猪粪污水先进行固液分离,沉淀固体经过调整水分,添加肥料成分,进行堆肥处理,液体部分通过一个调节酸化池和两个串联的高速生物滤池进行厌氧好氧生物处理,处理后的污水进入生物氧化塘进一步降解蓄存,进行农田灌溉。污水通过处理 COD 总降解率可达到 93.0％～97.0％,CODcr 浓度最低达 127 mg/L,最终出水水质均达到国家规定的畜禽养殖业污染物排放标准。

6. UASB＋SBR 工艺

采用上流式厌氧污泥床 UASB 反应器发酵工艺,产生沼气通过铺设管道供应给附近居民日常生活使用,使沼气得到充分利用,而所产生的沼渣通过好氧连续式生物堆肥发酵制成复合有机肥料。

7. 混凝-脱氨-好氧生化处理工艺

进水加石灰乳混凝沉淀后曝气脱氨，最后经好氧生化，容积负荷控制在2.0～3.0 kg CODcr/(m^3 · d)；污泥浓度在4 000 mg/L左右，出水CODcr和NH_3-N均能达标。

8. 多级酸化-人工湿地处理工艺

华南农业大学研究的畜禽舍粪便污水多级酸化与人工湿地串联处理工艺，较适用于我国的畜牧场污水处理。

9. 强化预处理＋高效折流厌氧反应器＋氧化塘

北京中联环工程股份有限公司研究采用的集约化猪场废弃物系统，改变传统的水冲洗清粪方式。

7.4 有机肥生产设施与装备

猪粪有机肥生产线，加工商品有机肥需要两个步骤：前期发酵与处理部分和深加工造粒部分。生物有机肥设备配套需要发酵翻抛机、有机肥粉碎机、滚筒筛分机、卧式混合机、圆盘造粒机、回转烘干机、冷却机、筛分机、包膜机、包装机、输送机等设备。

7.4.1 有机肥生产特点

①有机肥造粒中的生物和酶，能增强土地的生物性以及酶活性，增加土壤的营养成分，并且改善了土壤的酸碱度，让土壤能适合各种农而作的生长。

②有机肥造粒机生产的有机肥营养性强，若投放均匀，至少100天不用追加其他肥料，这种效果是一般肥料不能代替的。

③有机肥造粒机在生产时可以添加防病虫害的药物，减少病害和虫害鼠害。

④有机肥造粒机生产的有机肥营养全面，并且除含有氮磷钾三大营养元素外，还有丰富的钙镁硅等，可改变土壤成分，利于作物生长。

7.4.2 生产设备工艺流程

(1)地面翻堆机或槽式翻抛机　地面翻堆机不用建槽，直接把物料堆成条堆状、采用一台XGFD-2600型或XGFD-2800型的轮式翻堆机骑跨式进行翻堆发酵。

采用槽式发酵，根据生产规模需建6 m宽40～50 m长的发酵槽6条，将发酵物连续投入发酵池中，利用翻抛机进行翻抛发酵，能够起到水分调节和搅拌均匀目的。这样既可以节约大量人工，又能达到充分腐熟的目的(赵兵，2014)。

(2)铲车　用铲车将发酵好的有机肥移到半成品堆放区，便于每天处理被翻堆机抛翻发酵好的有机肥。

(3)分筛机　将发酵好的有机肥进行分筛，将里面的大块肥料和杂物分拣出来，便于下一步的粉碎和包装。

(4)粉碎机　将筛出来的有机肥中的大块杂物以及石头分拣出来后进行粉碎，这样既美观又可以保证产品的质量。

(5)预混机 将分筛和粉碎后的有机肥进行预混能够保证产品质量的稳定,同时又为生产专用肥和各种复混肥在添加肥料和微量元素时起到混合的作用。

(6)造粒机 将物料造粒。

(7)烘干机、冷却机 将造好的颗粒烘干冷却。

(8)包装机 将有机肥颗粒进行造粒直接包装销售。

7.4.3 有机肥发酵注意事项

1.发酵剂的选择

肥料发酵剂的发酵类型主要有两种,即:好(耗)氧发酵和厌氧发酵。一般来说,在制肥料或基质时,好氧发酵的发酵强度和彻底程度均远优于厌氧发酵。厌氧发酵是在特定的密闭条件下进行的,如制作沼气,或因高度缺氧,一些兼性微生物被迫厌氧发酵(特殊专性厌氧微生物除外)。好氧发酵条件要求相对较宽松,发酵较彻底,如金宝贝肥料发酵剂就属于好氧型发酵,在发酵过程中可露天也可室内放置,发酵功能强大,产物外观内质均优。

不同用途的发酵剂来源不同,组成成分比例及功能也不同,有的是单一功能菌,如只含酵母菌或放线菌,有的是多种复合功能菌,综合功能较强;有的是简单自繁自用菌,未经专业化提纯复壮,本身身体“不强壮”,甚至虚弱,效果不稳定,导致功能大打折扣或基本无效。

2.选择合适的发酵剂用量

发酵剂用量越大、时间越长越不经济,有的发酵剂因有效功能活菌数含量较低,添加量较大,添加量为2‰~5‰,即发酵1 t成品需要发酵剂3~5 kg,而有的发酵助剂添加量只需1‰,成本费用相差不是一元,而是一倍,差几十甚至上百元!有的发酵时间为7~10 d,有的为一个月或更长,耗时越长成本费用越高,损耗盐碱,因而越不利。金宝贝微生物发酵剂对一般物料,如鸡粪、猪粪等,发酵只需4~7 d,速度远快于大多数产品。

3.选择发酵后杂菌少的发酵剂

发酵完成后杂菌越少越好,如果杂菌多,相当于养了一群“只管吃米不会下蛋”的鸡,白白消耗营养,增加成本费用。有的条件不太好的非专业厂商生产的发酵菌种或用户自留的发酵菌种,甚至出现“反客为主”,即杂菌还远多于功能菌的可笑现象,降低了病虫害及杂草的发生率。

4.原料调质中的搅拌功能

制肥中,为调整原料碳氮比、酸碱度、含水量等,必须添加一些辅料。按比例粗略堆置在一起的主要原料与各种辅料,可依靠翻堆机做搅拌作业,均匀混合,达到调质的目的。

5.调节原料堆的温度

翻堆机作业中,原料团粒与空气充分接触、混合,料堆中可涵养大量新鲜空气,有助于好氧微生物活跃产生发酵热,堆温升高;当温度高了,新鲜空气的补充可使堆温降下来。形成中温-高温-中温-高温交替的状态,各种有益微生物菌在其适应的温度段快速成长繁殖。

6.改善原料堆的通透性

翻堆系统能把物料处理成小的团块,使质地黏稠、密实的原料堆变得蓬松、富有弹性,形成适宜的孔隙度。

7.5 猪场臭味处理设施

提到养殖场，可能很多人首先想到的是臭气熏天的难闻气味，猪场恶臭对人的身心健康、猪群的健康、生产性能造成了严重的危害，已经成为养猪生产中较为突出的问题。为提高养猪效益，应积极推广和应用新产品、新技术，采取综合措施以清除或减少恶臭的危害。

7.5.1 养猪场除臭方法

目前国内外报道的除臭方法很多，如营养调控、固液分离、化学除臭（吸附剂）、生物除臭（微生物发酵）、植物型除臭等。其主要的除臭原理是对臭气进行吸收、吸附、氧化、掩蔽、稀释和过滤。下面针对化学除臭、生物剂除臭与除臭管除臭进行介绍。

1. 化学除臭

（1）化学除臭原理及实例　化学除臭剂包括沸石、膨润土等硅酸盐类，它们主要是通过表面多维孔道来吸附气体分子以及水分子，从而减少畜舍内氨及其他有害气体的含量，同时还可降低畜舍内空气及粪便的湿度，达到除臭的目的。目前使用的化学除臭剂主要分为氧化剂和灭菌剂两种，氧化剂的作用主要是使臭气成分氧化为臭味较少和无臭的物质，这些常用的氧化剂有过氧化氢、高锰酸钾、臭氧等。甲醛和多聚甲醛则是很好的灭菌剂。

（2）化学除臭剂特点　反应速度比较快，但效果不持久且工艺复杂，易产生二次污染。

2. 生物剂除臭

（1）生物剂除臭原理　生物处理法就是利用微生物将臭味气体中的有机污染物降解或转化为无害或低害类物质的过程，生物除臭剂主要为酶和活菌制剂。

益生菌能显著降低猪舍氨气浓度，其原理主要是益生菌作为一种活菌制剂，一方面可以帮助建立肠道内优势菌群，维持肠道内微生态平衡，通过在肠道内产生有机酸、细菌素等物质来抑制肠道内腐败菌的生长，降低了脲酶活性，减少了蛋白向胺和氨的转化，使养殖动物体内的氨及胺含量下降，这样就减少了随粪便排出体外的氨等有害气体，改善了猪场环境。另一方面益生菌通过增加消化道多种酶的分泌量和消化酶活性，参与氮物质的代谢，减少了氨的排出，从而降低畜禽舍内氨气浓度，改善饲养环境。目前报道有除臭功能的细菌有枯草芽孢杆菌、金杆菌、沼泽红假单胞菌等，真菌有白曲霉菌、青霉菌、酵母菌、米根霉等。细菌类以降解臭味气体中亲水性的污染物为主，真菌以降解水溶性差的臭气物质为主，此外一些放线菌也有很好的除臭功能。

（2）生物剂除臭特点　生物剂除臭最大的优点是效果持久，不会产生二次污染，但在使用过程中常不能像化学除臭剂那样马上产生除臭效果，需要一定的扩繁时间和发酵时间。并且生物除臭剂还对环境的要求严格，需要密切注意益生菌的活性，若保管不善，则会失效。

严格禁止与抗生素、杀虫剂、杀菌剂、消毒剂、强酸强碱类产品混合使用，防止杀灭和抑制益生菌，使得益生菌的活性降低；益生菌保管瓶开启后，需在1周内用完。

3. 除臭管除臭

（1）除臭管除臭原理　除臭管是利用阳光中的紫外线与岩瓷珠反应分解电子，使水中的

OH^-趋于稳定，这样的水称为功能水，即氧化电位水。

功能水具有高氧化还原性，一方面能快速杀菌，不留残毒；另一方面能激活动物肠道常规菌群，帮助建立肠道内优势菌群，维持肠道内微生态平衡，从而抑制产臭微生物腐败分解，减少了蛋白质向氨的转化，这样就减少了随粪便排出体外的氨等有害气体，改善了猪场环境。

(2)除臭管除臭特点　与紫外线反应，不似益生菌等生物剂，不需要特别的保管措施；不需要额外的施工，直接接入水管中就能使用；经过除臭管处理的水，可以作为消毒水使用，用来冲栏可以起到很好的消毒杀菌作用；除臭管与生物剂一样，通过抑制产臭微生物等腐败菌种的活性，来达到除去氨气的目的。

7.5.2　猪场除臭管理措施

1. 科学设计日粮，提高饲料利用率

①采用经氨基酸平衡的低蛋白日粮：用合成氨基酸取代日粮中完整蛋白质可有效减少排泄物中的氮。

②采用稀饲喂养：饲料的适口性好、消化利用率高、无粉尘、减少猪的呼吸道疾病并降低成本，猪生长速度快；试验结果表明：与饲喂干粉比较，给猪饲喂液态饲料，饲料转化率可提9.19%～12.08%，猪的粪便量随之相应减少。

2. 合理使用饲料添加剂

日粮中添加活性肽原，其中含有酸制剂、酶制剂、EM 制剂、沸石、丝兰属植物提取物等，除提高猪生产性能外，对控制恶臭具有重要作用(吴雅玲，2004)。

①酸制剂：主要通过降低消化道 pH 来影响仔猪对营养物质的消化作用，减少腹泻率及腹泻带来的恶臭。

②酶制剂：日粮中添加酶制剂可提高氮的消化率，又可提高碳水化合物的利用率。

③EM 制剂：一种新型的复合微生物制剂，其可增加猪消化道内有益微生物的数量，调节体内的微生物生态平衡。防治仔猪下痢，促进生长发育，提高猪的饲料转化率，减少肠道内氨、吲哚等恶臭物质的产生。

④沸石：沸石孔道体积占沸石体积的 50%以上，表面积很大，对氨气、硫化氢及水分有很强的吸附力，因而可降低猪舍有害气体的浓度。

⑤丝兰属植物提取物：饲料中添加丝兰属植物提取物，可有效降低有害气体的浓度，因丝兰属植物提取物有两种含铁糖蛋白，能够结合几倍于其分子量的有害气体，故其有除臭作用。

⑥使用氧化钛制成的除臭管，其费用相比使用添加剂要高，但效果远远大于饲料添加剂，国内也有部分猪场使用。

7.5.3　加强猪场卫生管理

(1)改进生产工艺　采取用水量少的消粪工艺——干清粪工艺，使干粪和尿污水分流，减少污水量及污水中污染物的浓度。

(2)正确设置猪场内的建筑　猪场内要建硬质的有一定坡度的水泥路面，生产区要设有喷雾降温除尘系统，有充足的供水和通畅的排水系统。

(3)做好猪场粪便处理　建造位置恰当、容积适宜的专用粪房粪池，及时对粪便进行高温快速干燥，或者堆肥处理，或使用除臭剂，并有效地把堆肥应用于农业生产。

7.5.4　做好饮水的管理

饮水也是导致猪场臭气熏天的重要原因。若饮水水源水质不好，比如含有大肠杆菌或水的硬度过大，都会造成猪的消化问题，因此要对水做一些处理。

(1)针对水硬度过大　反渗透法(超滤技术)是以压力为驱动力，提高水的压力来克服渗透压，使水穿过功能性的半透膜而除盐净化。反渗透法也能除去胶体物质，对水的利用率可达75%以上；反渗透法产水能力大，操作简便，能有效使水净化到符合国家标准。

(2)通过改变水的电荷　利用除臭管对水进行处理，改变水的电荷，这种水一方面用来冲栏，可以消毒，抑制猪粪中的厌氧菌产臭；另一方面，猪饮用这种水可以调节消化系统，激活肠道有益菌群，提高蛋白质的分解能力，使猪粪中的含氮量减少，从而消除猪舍的臭气。

经试验，除臭管可将臭气降低到7 cm^3/m^3，人几乎闻不到臭味。并且，饮用经除臭管处理过的水的猪，每日增重要比一般的猪更多，也更早出栏。

第8章
智能化数字化养猪业

本章内容提要

本章介绍了我国智能化数字化养猪业概况，然后从母猪栏圈方式和饲喂方式两个方面详细介绍了母猪群饲养方式演变以及智能化饲养。

8.1 智能化数字化养猪概况

8.1.1 智能化数字化养猪业概述

数字化养猪业是将信息作为养猪业生产要素，用现代信息技术对养猪场及场内猪只、环境和生产全过程进行可视化表达、数字化设计、信息化管理的现代化养猪方式。数字化养猪业使信息技术与养猪生产的各个环节实现有效融合，对改造传统养猪业、转变养猪业生产方式、提升养猪生产效率具有重要意义。

我国发展现代养猪业，面临着资源紧缺与资源消耗过大的双重挑战，以信息传感设备、传感网、互联网和智能信息处理为核心的物联网，将为养猪业生产过程量化分析、智能决策、变量投入、定位操作的现代生产管理技术体系创建开辟新的思路，随着这些技术在养猪业广泛应用，并将进一步促进信息技术与养猪业智能融合。

8.1.2 智能化数字化猪场的意义

基于物联网平台技术的智能化母猪群养系统及匹配的智能设备可直接用于养猪生产现场，与猪舍及猪栏位相结合，明确标记猪只的信息及位置异动（相当于 GPS 定位，有的直接使用 REID 识别）；与猪只的采食、饮水、活动、睡眠休息、生长增重相结合实时连接猪群的行为状态信息，明确猪群的健康状况，精确个体猪只的饲喂控制（相当于微观的生物检测）；猪舍内外布设的无线传感节点，包括空气温度、空气湿度、光照强度、二氧化碳浓度、通风量、风速等，对生产区域宏观环境实施有效监控，通过低功耗自组织网络的无线通信技术实现传感器数据的无线传输。所有数据汇集到中心节点，通过无线网关与互联网或移动网络相连，实现养猪信息的多尺度（个体、群体、猪栏猪舍、猪场、物料、人员、环境）传输与管控；用户通过手机或计算机可以实时掌握养猪现场的信息，从而实现养猪生产的产前、产中、产后的全过程监控，进而实现养猪生产集约、高产、优质、高效、生态、安全等可持续发展的目标。

8.2 母猪群饲养方式演变以及智能化饲养

8.2.1 母猪栏圈方式

母猪栏圈方式一般包括单体定位栏（图 8-1）、小群散养栏（图 8-2），自由进出栏（图 8-3），智能群养栏（图 8-4）。

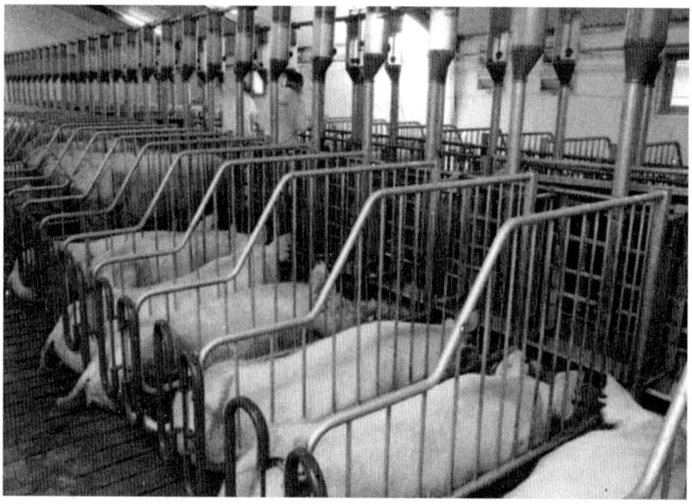

图 8-1 单体定位栏

图 8-2　小群散养栏

图 8-3　自由进出栏

图 8-4　智能群养栏

8.2.2 饲喂方式

1.人工投料饲喂

人工投料饲喂(图8-5),每名饲养人员分担1～2个单元的母猪喂料工作,根据工作时间安排,分顿对母猪进行投料饲喂,在饲喂前用料车把饲料与清水按照一定的经验比例进行混合搅拌,然后根据母猪每天或每餐的饲喂需要,用料铲逐个往母猪采食槽投送饲料,投料结束后,再逐一检查母猪的采食情况,发现有饲料剩余的,还要及时清除料槽内的饲料。这样操作劳动强度大,要求每位饲养人员都得有极强的责任心,并具备丰富的饲喂经验,能够根据母猪哺乳状态及天数灵活调整投喂量。

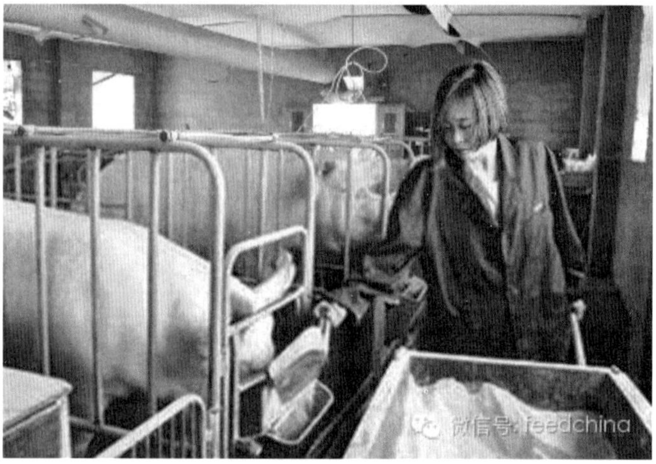

图8-5　人工投料饲喂

2.饲料管线输送投喂

管线输送饲喂方式(图8-6),从饲料储存塔到母猪采食槽架设饲料输送管道,通过电机驱动链条或绞龙等方式传输到母猪采食位上方的饲料配量在装置内,根据工作时间安排,分顿对母猪进行投料饲喂,到喂料时刻由工人扳动配量器控制扳手,成列或成排一次性同时投料。这样的操作能够大大减轻人工推送饲料的劳动强度,但要求每位饲养人员根据母猪每日进食的数量逐一调整配量器的投料量刻度。

3.智能化饲喂模式

近10年来我国从全世界引进了各种优质品种的种猪,但平均年产仔率却在10年间一直停步不前,维持在17头/年的水平,远不及被引进国的28～30头/年的水平。其中有各种各样的原因,但饲喂方式也是一个很重要的原因。

智能化饲喂管理系统,通过收集猪只的各类数据信息可以及时传递到智能化数据管理系统,供猪场管理者和科研工作者进行统计分析,并通过相应管理软件准确执行怀孕母猪的饲喂方案,使母猪在大群饲养的同时能够个体化精确喂料,保持怀孕母猪良好的体况和生产性能。

智能化饲喂(图8-7)主要运用在怀孕母猪和哺乳母猪的饲喂。

● 怀孕母猪:对每头母猪实现个体化、精确化的喂料,实现不同怀孕阶段、不同体况、不同品种母猪在不同饲养条件下的饲养管理目标。增强母猪身体结实度,改善母猪健康状况;多项

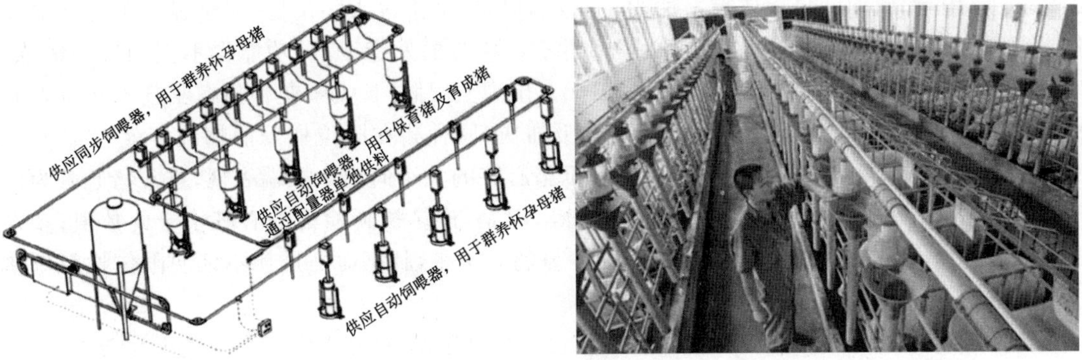

图 8-6　饲料管线输送投喂

图 8-7　母猪智能化饲喂

试验表明伴随而来的好处包括提高活仔率、增加仔猪出生体重、降低返情率、降低母猪攻击性、减少生殖系统疾病等。

● 哺乳母猪：提高日采食量，提高饲料转化为奶水的效率，从而提高活仔和健仔数量。

智能化饲喂的一些特点和由此带来的猪场管理的改变有以下内容。

（1）从猪的采食行为角度——由被动采食变成主动采食　母猪在主动采食的时候进入饲喂站下，采食新鲜的、符合其个体需求量的料，实现了全天 24 h 的饲喂，而不是被动根据猪场的作息时间提供的平均料量进行饲喂。这种主动采食的方式也减少了饲料的浪费，便于通过管理系统及时发现健康状况有问题的母猪。

（2）从猪场管理角度　饲喂系统智能化是根据每头母猪的个体状况提供个性化精确饲喂，减少了由于猪场员工的人为因素而造成的饲喂效果的区别。猪场可以通过管理系统软件随时了解每头母猪的各种实时数据信息，这种规范化的标准饲喂，对猪场尤其是大型猪场是至关重要的。

（3）从母猪的生产成绩和疾病防治角度　现代基因型的母猪，因强烈的单项选育，在生产性能提高的同时，采食量下降，体质也下降。130 kg 左右的后备母猪配种后就进入限位栏，然而，母猪个体增重要到第五个生产周期才停止，即从初次妊娠的 0.4 kg/d 增重降到第五胎时的0 kg/d增重,此期间母猪体重增加约170 kg,但是,由于进入限位栏,完全丧失了运动的条件,在体重增加一倍之多的情况下,心脏却得不到相应的发育,心肺功能得不到相应的锻炼。实际情况中,原种猪在驱赶50～100 m就100%出现蓝眼眶,长大杂交种猪在驱赶100 m左右有50%出现蓝眼眶,并都出现不同程度的呼吸加快;原种猪在限位栏安静情况下就有10%～20%的母猪呈现蓝眼眶;在剖解中还可见到母猪心脏的大小向两个极端表现,正常猪心脏为体重的0.28%,1头250 kg母猪心脏重约0.7 kg,但是,许多被剖检猪的心脏小于此数值,多在0.5 kg,部分母猪心脏重达2 kg左右,呈现明显的心扩张,肺瘀血。这无不证明限位栏对母猪心肺实质组织和功能的伤害。

由于营养丰富,又缺乏运动,猪群的某些功能在退化,种猪富贵病增多。表现为滞产(产程长)与难产增多,泌尿生殖系统疾病和蹄病增多。猪群体质退化,心肺功能减弱,无氧代谢耐力下降,无疑是某些疾病的因素之一。提供给母猪一定的活动空间,可改善其体况,提高其健康度及产仔率,大大减少母猪难产比例。同时有证据表明:针对个体需求而进行精确饲喂,能使母猪的体型更好,更健康,抵抗力更强。

(4)从动物健康和福利角度　猪的行为、社交以及心理活动多交织在一起,互为因果,并受环境的制约。不良的环境条件,在伤害猪的心理的同时,表现为异常行为。关在限位栏中的母猪因限料首先感到饥饿,继而出现不安与烦躁,当欲望得不到满足,自由又受到限制的情况下,于百无聊赖中会出现无故的舔拭、摩擦、空嚼、摇头、反复撕咬或嚼栅栏,反复吮吸或摆弄饮水器、反复打哈欠等刻板行为。有刻板行为的母猪一般生产性能低下。

限位栏的母猪长期处于单纯环境中,缺乏社交,缺乏对复杂环境的适应能力,因此造成转栏时特别困难,隐性发情比例大。由于不能学习其他母猪性行为,部分母猪出现癔症(产后拒绝哺乳或害怕亲仔)。

智能化饲喂模式为母猪提供了一定的活动空间和群居的环境,提供了符合其个性化需要的精确饲喂,同时提供了实体墙体使母猪的躺卧更舒适,应激更少。

(5)从食品安全角度　整个猪业生产的食品安全管理需要对猪肉生产的各个环节进行有效溯源,其中的一个重要源头是猪场。相对于管控数以百万计的小型家庭猪场而言,规模猪场更有利于建立溯源系统,通过先进的智能化、网络化设备进行数据采集,为政府以及行业机构进行统一的管理提供必要的条件,同时通过对猪场进行母猪场或者商品猪场的专业化分工,通过单个猪场的规模扩大,减少猪场的数量,使食品安全管理更具有可操作性。此外,从动物福利理念的普及和推广方面:在全球都提倡福利养殖的今天,专业化规模化的猪场更有条件通过科学的方法进行福利养殖的升级。

智能化饲喂,除运用于怀孕母猪的群养方式的饲喂,也运用于哺乳母猪的定位栏状态下的智能饲喂。

哺乳母猪饲养管理是未来猪场生产潜力挖掘的一个关键环节,怀孕母猪的电子耳牌可以在分娩栏被读取,智能化数据系统可以根据母猪分娩数据进行科学合理的饲喂,提高哺乳母猪饲喂管理准确性,持续保持高产和良好的体况。

随着中国养猪业的发展,母猪的繁殖性能将得到不断提高,哺乳母猪的泌乳力将受到严峻的挑战,不仅要加强种猪繁殖性状的选育,更要提高哺乳母猪的饲养管理技术。比如丹系种猪,我们都知道其具有高产仔数,平均乳头在6～7对,实际生产管理过程中发现,即使母猪产仔数再高,母猪有再多奶头都无法满足仔猪的需要。原因很简单,哺乳母猪采食量无法提高。

在欧美一些国家的猪场，母猪繁殖性能不断提高，源于他们越来越重视提高哺乳母猪采食量，保证泌乳期的母猪奶水充足，同时防止母猪哺乳期掉膘过快。

单栏智能饲喂系统（图 8-8）就是针对这一需求而开发的有效工具。该系统先对母猪进行识别，从而获取其之前的生产记录、采食记录、产仔数等信息，以及其品系和胎次的不同，根据这些信息制定针对这头母猪的饲喂方案：

● 制定针对该母猪的饲喂曲线（图 8-9）进行饲喂，而非传统方式（对所有母猪采用统一的饲喂时间下放同样的饲料量）。

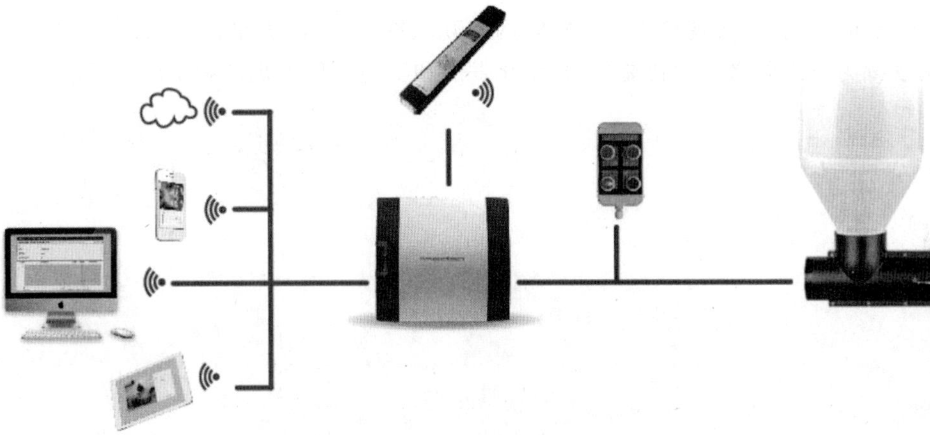

图 8-8　母猪智能化饲喂系统示意图[睿保乐（上海）贸易公司提供]

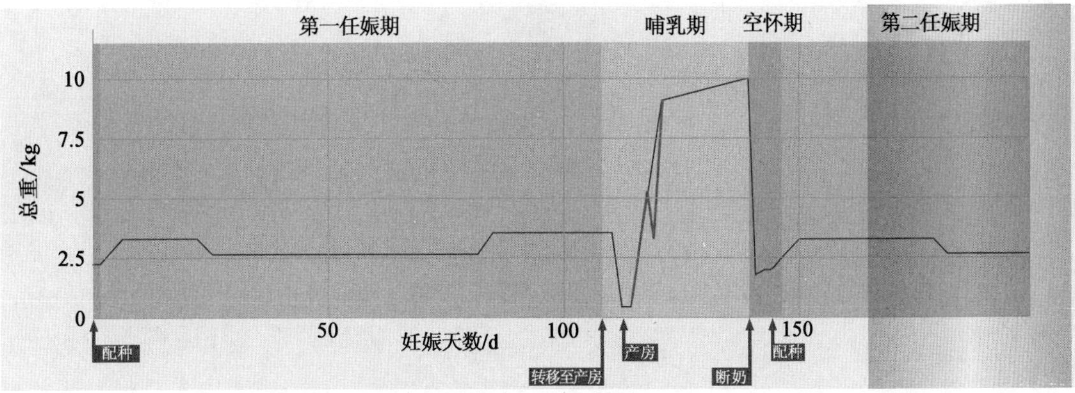

图 8-9　母猪智能化饲喂饲喂曲线图[睿保乐（上海）贸易公司提供]

● 更符合猪的生理特性和采食习惯的饲喂，根据该母猪的采食习惯在每天 24 h 的任何时间点精确下放不同量的料，使母猪喜欢夜间采食的生理特性得到满足，这是在根据猪场员工的工作时间为所有母猪下放同样量的饲料这种传统的饲喂方式中所无法实现的。

● 通过少食多餐的方法来刺激其采食，也避免剩余料长时间留在料槽里发生霉变而影响母猪的健康度。

● 所有的饲喂信息可以通过电脑和任何智能手机等终端实时了解，也可通过这些设备对采食方案进行实时调整，极大地提高了生产效率。

• 所有的饲喂数据均可同步到云端并自动储存备份，数据可以为母猪妊娠阶段的饲喂，同时为食品溯源提供数据支持。

智能化养猪是未来养猪的发展趋势，猪场需要测量指标和数据。智能化的管理设备改变了传统的“定位栏”或“限位栏”模式，更加开放式的环境让生猪更加自由，减少了猪的应激，符合猪的动物福利。同时减少了人工成本，减少了饲养员的频繁变换给猪带来的不适应和疾病的发生，养猪效益也会大大提高。

除了母猪智能化饲养外，其他各类型生猪的饲养都陆续实现了智能化饲养。监控视频可以看到猪舍内猪和人的一举一动，全自动种猪测定系统及全自动环境控制系统（在其他章节都有介绍）使生产和管理全面实现自动化。物联网和互联网的结合，养猪机器人的出现，猪脸识别系统的出现都为未来养猪业的智能化、自动化发展和实施提供了机遇和实现的可能。

第 9 章
猪场设施与设备大事记（1978—2018 年）

本章内容提要

本章从大城市开始兴建机械化养猪场；大量万头猪场快速建成使用，部分国产猪场设备达国际水平；猪场自动化生产设备盛行时期三个阶段以重大事件为线索回忆了改革开放 40 年来中国猪场设施与设备方面发生的大事。

中国养猪业有 5 000 年历史，但在 1949 年新中国成立之前，都是家庭饲养。从 1978 年中国改革开放起，尤其粮食放开后，出现规模化小型猪场的雏形。中国规模化养猪的发展取决于养猪设施与设备研发和投入于养猪生产。回忆 40 年来中国养猪设施与设备应用于猪场发展，大致可以分成如下几个阶段。

9.1 大城市开始兴建机械化养猪场

1975—1980 年，此 5 年为我国养猪机械设备发展初期。20 世纪 70 年代中后期，全国一些大城市兴建了一批机械化养猪场，如广州白云机械化猪场、沈阳马三家机械化养猪试验场和上海东风机械化猪场等。这些猪场大部分都是万头场，规模比较大，它相对传统养猪已是一个很大突破，同时开始使用一些简单的机械设备。该阶段已经开始使用自动饮水器、机械送料装置、刮粪机、金属围栏等。

9.2 大量万头猪场快速建成使用，部分国产猪场设备达国际水平

1980—1996 年，可以称得上是我国养猪机械设备快速发展期。该阶段部分国产设备已达到国际水平，从 1990 年开始已有部分养猪设备出口，同时也大大促进了我国养猪事业的发展

和生产水平的提高，1996 年生猪出栏量和出栏率比 1978 年分别增加和提高了 256%和 61.8%。

1980 年广东深圳光明农场率先引进美国三德畜牧设备公司的 8 条现代化万头养猪生产线成套设备。该成套设备属当时世界先进水平，机械化、自动化水平较高，一条万头生产线只要饲养员 6 人。

20 世纪 80 年代初期，广东引进泰国正大公司的设备，后来武汉市、北京市养猪育种中心和吉林等单位也引进了美国和匈牙利等国的养猪设备。

广东省农机研究所、北京市农机研究所等单位对引进的设备进行了及时全面的消化吸收工作，根据我国国情，在保留先进饲养工艺的前提下，对进口成套养猪设备做了重大的改进设计，逐步实现国产化。

1985—1989 年广东先后建成万头工厂化养猪场 20 多个。1990 年后，湖南、浙江、江西、北京、上海等地以外贸供港生猪基地和大城市菜篮子工程为主，兴起了建设万头工厂化养猪场的高潮，至 1995 年仅广东省就建成万头养猪生产线 146 条，湖南省建成 50 多个 5 000 头以上的工厂化猪场，3 000 头以上的规模猪场在全国已有 1 000 多个。在这些工厂化养猪场的建设中，国产工厂化养猪设备也从单机到成套中逐步完善，国产工厂化养猪成套设备主要包括各种围栏及漏缝地板、各种自动喂料食箱、通风降温、保温、清洁消毒和冲洗等机械设备。这套设备在生产实践中显示了巨大的优越性，与传统养猪相比可节约土地 57%，仔猪成活率提高 22%，出栏率和劳动效率分别提高 104%和 233%。广东省农机研究所研制的 94ZT-10000 工厂化养猪成套设备于 1993 年通过鉴定，先后获得广东省科技进步二等奖、机械部科技进步三等奖，被评为国家级新产品，并列入国家“九五”重点推广项目，这在养猪机械设备中是第一次。

该阶段主要的猪场设施与设备包括：全封闭全空调的猪舍，以及适合各种猪群的各种全金属围栏(包括漏缝地板)。全金属围栏主要有母猪单体限位栏、公猪栏、分娩栏、保育栏、生长栏和育成栏。此外，主要设施还有自动饮水及自动送料系统，自动冲洗和高压清洗装置。

9.3 猪场自动化生产设备盛行时期

1996 年至现在，为我国养猪机械设备成熟发展期。猪场自动化生产设备开始大量引进和使用。

广东东莞市特威畜牧公司 1999 年引进了德国大荷兰人公司液态饲料自动输送系统。2002 年深圳光明农业科技中心引进美国种猪测定系统。2009 年吉林金农农业科技有限公司引进荷兰 Nedap Velos 智能化母猪群养管理系统。该阶段增加的新型设备及特点如下：

①新结构、新材料围栏设备。新型分娩栏结构更简单可靠，对母猪大小的适应性和防止压死乳猪的效果更好，对母猪粪便的收集更方便，对保持床面的干燥清洁更有利，传统的耙齿型分娩栏大部分已被淘汰。此外，新型结构和材料的漏缝地板，如各种可靠耐用、便于拆装和清洁、比铸铁地板更价廉的复合材料漏缝地板也层出不穷。

②猪舍环境控制设备：通风降温设备；猪舍保温设备；分娩舍、保育舍局部保温设备。如自动恒温电热板、地热板、远红外保温灯和玻璃钢保温箱等；手动、机动升降卷帘，特别是轻便耐用帘幕的开发。

③节能、节水的清洁消毒设备：高压冲洗消毒机；各种消毒机：火焰消毒机、电动或机动喷雾消毒机(车)、自动喷雾消毒系统；各种节水型粪沟冲水器。

④干、湿料箱的使用。

⑤工厂化猪场计算机管理软件：包括育种、饲料配方、饲养生产管理、疫病防治、市场信息、财务、人事、物资管理和场长查询等项目。

⑥猪粪便处理及利用设备。

⑦高端设备：干料自动输送设备、液态饲料输送设备、智能型母猪群养管理系统、种猪自动测定系统。

参考文献

蔡杰.空气过滤 ABC[M].北京:中国建筑工业出版社,2002.

曾新福,陈安国.环境温度对母猪繁殖性能及仔猪生长的影响[J].家畜生态学报,2001,22(1):40-43.

陈腾捷,李活水,黄梓梁.猪舍环境温度对养猪生产力的影响[J].家畜生态学报,1992(2):18-22.

崔引安.农业生物环境工程[M].北京:农业出版社,1994.

董红敏,陶秀萍.畜禽养殖环境控制与通风降温[M].北京:中国农业出版社,2007.

鄂禄祥,吕丹娜.猪生产[M].北京:化学工业出版社,2016.

方艳玲,胡仲达.高温对猪生产性能的影响[J].安徽农学通报,2009,15(9):194-195.

耿爱莲,李艳茶,李保明,等.不同建筑结构和人工调控通风方式对肥育猪舍环境状况的影响[C]// 中国农业工程学会学术年会.2007.

龚建军,雷云峰,何志平,等.高温季节"湿帘-风机"系统降温效果研究[C]// 中国猪业科技大会暨中国畜牧兽医学会 2015 年学术年会论文集.2015.

贺致存,崔引安,M. A. Hellickson,等.农业生产建筑的蒸发冷却系统[J].农业工程学报,1987,3(4):99-109.

康润敏,雷云峰,曾凯,等.规模化猪场不同通风模式下不同类型猪舍内空气细菌气溶胶分布规律的研究[J].畜牧与兽医,2017,49(8):111-116.

李保明,施正香,张晓颖,等.利用地下水对猪舍地板局部降温效果研究[J].农业工程学报,2004,20(1):255-258.

李保明,周允将,崔引安.猪舍纵向通风系统的应用与设计[J].农业工程学报,1995,11(增刊):108-111.

李琴,刘鹏,刘中英,等.畜舍热交换芯体-风机热回收通风系统的热回收效果[J].农业工程学报,2017,33(8):176-182.

李章海.有机肥条垛型堆积发酵技术与应用[M].安徽:中国科学技术大学出版社,2014.

刘道清.空气过滤技术研究综述[J].环境科学与管理,2007,32(5):109-113.

刘芳,吴中红,王美芝,等.仔猪保温箱温度调控设备应用效果研究[J].黑龙江畜牧兽医,2009(1):27-29.

刘凤华.高温应激对猪小肠上皮细胞损伤及清凉颗粒的修复机制[D].南京:南京农业大学,2009.

刘红林.现代养猪大全[M].北京:中国农业出版社,2001.

刘平,马承伟,李保明,等.猪舍夏季降温技术应用研究现状[J].农业工程学报,1997,13(s1):47-52.

刘启文,安国邦.养猪场机械化[M].北京:科学出版社,1981.

刘士清.沼气发酵实验教程.北京:化学工业出版社,2013.

刘镇.封闭式猪舍利用地下自然冷源的防暑降温研究[J].农业机械学报,1987(3).
刘中英,郭瑶,谢雨晴,等.湿帘-风机系统对北京地区发酵床猪舍冬夏季舍内热环境和空气质量影响研究[J].家畜生态学报,2017(12):48-54.
罗继杰.猪舍环境工程设计[J].建筑技术通讯:暖通空调,1990(3):32-35.
孟庆利,曾浩,郭和军.北京养猪育种中心空气过滤公猪站改造工艺及过滤效果[J].养猪,2012(3):77-78.
牟灵泉.地道风降温:计算与应用[M].北京:中国建筑工业出版社,1982.
钱幺,钱晓明,邓辉,等.静电增强纤维过滤技术的研究进展[J].合成纤维工业,2016,39(1):48-52.
施明祥.夏季猪舍的廉价降温法及有关事项[J].国外畜牧学(猪与禽),1996(2):22-24.
司建林,王云龙,李洪发.现代畜禽舍通风控制技术[J].农业工程学报,1993,9(s1):65-71.
孙春才.污水处理综合实训教程[M].北京:化学工业出版社,2009.
王美芝,田见晖,刘继军,等.北京市繁殖猪舍高温环境控制状况[J].农业工程学报,2011,27(10):222-227.
王美芝,吴中红,刘继军,等.猪舍有害气体及颗粒物环境参数研究综述[J].猪业科学,2016,33(4):94-97.
王伟,张存根.论我国养猪业的可持续发展[J].北京农学院学报,2004,19(1)40-52.
温倩,Zoe Kay.初生仔猪供暖方法对比[J].猪业科学,2014(10):24-25.
吴鑫,冯京海,张敏红.环境高温对猪脂肪代谢的影响[J].动物营养学报,2014(3):585-590.
吴雅玲.应用 BLCS、BOP、EM 的除臭效果和经济效益.青海畜牧兽医杂志,2004,31(3):34-36.
吴兆胜,罗细芽,万伟红,等.猪舍夏季环境温度控制应用现状及发展趋势[J].中国农机化学报,2012(6):191-195.
伍少钦,吴志君,肖有恩,等.空气过滤技术在规模猪场的应用[J].养猪,2011(5):73-75.
徐立荣.浅谈猪养殖场绿化植物配置[J].农业与技术,2015,35(7):153-154.
徐少华,陈宽维.鸡舍湿帘防暑降温应用的研究[J].中国家禽,1994(3).
颜培实,李如治.家畜环境卫生学[M].4 版.北京:高等教育出版社,2011.
杨润泉,方热军,杨飞云,等.环境温湿度和猪舍空气质量对妊娠母猪生产性能的影响[J].家畜生态学报,2016,37(12):40-43.
易路,吴中红,刘继军,等.北京市猪场太阳能主动供暖节能减排及经济可行性评价[J].家畜生态学报,2017,38(10):71-79.
袁月明,孙丽丽,潘世强,等.太阳能猪舍地道通风方式对舍内热环境的影响[J].农业工程学报,2014,30(16):213-220.
张春贤.一种有效的猪舍降温系统.Installation Manual For The Edstrom Cooling System.北京农机,1989(2):29-33.
张秋亭,赵婉莹,刘继军,等.猪舍内温度和通风对猪的影响研究综述[J].猪业科学,2016,(3):38-40.DOI:10.3969/j.issn.1673-5358.2016.03.014.
张志峰.无公害育肥猪标准化生产[M].北京:中国农业出版社,2006.
赵兵.有机肥使用生产手册.北京:金盾出版社,2014.
浙江大学.一种用于猪舍的空气过滤统:CN201420776289.1[P].2015-05-13.

中国农业机械化科学研究院呼和浩特分院,国家草原畜牧业装备工程技术研究中心.新型太阳能畜舍:CN201020267759.3[P].2011-06-22.

中华人民共和国国家质量监督检验检疫总局,中国国家标准化管理委员会.辐射供暖供冷技术规程:JGJ 142-2012[S].北京:中国建筑工业出版社,2013:6.

中华人民共和国国家质量监督检验检疫总局,中国国家标准化管理委员会.规模猪场环境参数及环境管理:GB/T 17824.3-2008[S].北京:中国标准出版社,2008:11.

中华人民共和国国家质量监督检验检疫总局,中国国家标准化管理委员会.细石混凝土地面施工工艺标准:704-1996[S].

朱尚雄.仔猪保暖与供暖器[J].农村实用工程技术:农业工程,1988(1).

Bug H.诺廷根养猪系统技术设备讲座.1997.

Carmen Alonso,徐亮.北美猪密集地区大型母猪群使用空气过滤系统防控 PRRSV 的经济评价[C]// 国际猪兽医协会大会.2012.

Delfani S,Pasdarshahri H,Karami M. Experimental investigation of heat recovery system for building air conditioning in hot and humid areas[J]. Energy & Buildings,2012,49(2):62-68.

Harmon J D,Xin H. Livestock Industry Facilities and Environment:Health Hazards in Swine Confinement Housing:How Bad is It? [J]. 1995.

L. Reicks,温鹏.空气过滤系统在猪场的应用[J].今日养猪业,2010(2):29-32.

Mardiana A,Riffat S B. Review on physical and performance parameters of heat recovery systems for building applications[J]. Renewable & Sustainable Energy Reviews,2013,28(8):174-190.

Midwest plan service. Structures and environment handbook,MWPS-1[M]. 7th ed. Ames:Iowa State University,1983.

Seedorf J,Hartung J,Schröder M,et al. A Survey of Ventilation Rates in Livestock Buildings in Northern Europe[J]. Journal of Agricultural Engineering Research,1998,70(1):39-47.

Takai H,Pedersen S,Johnsen J O,et al. Concentrations and Emissions of Airborne Dust in Livestock Buildings in Northern Europe[J]. Journal of Agricultural Engineering Research,1998,70(1):59-77.

Vassilakis S,Lindley J A. Cold weather performance of two,counter-flow parallel plate,air-to-air heat exchangers in swine housing[J]. Applied Engineering in Agriculture,1998,14(1):73-77.

Verstegen M W A,Aarnink A J A,Huynh T T T,et al. Effects of floor cooling during high ambient temperatures on the lying behavior and productivity of growing finishing pigs[J]. Transactions of the American Society of Agricultural Engineers,2004,47(5):1773-1782.